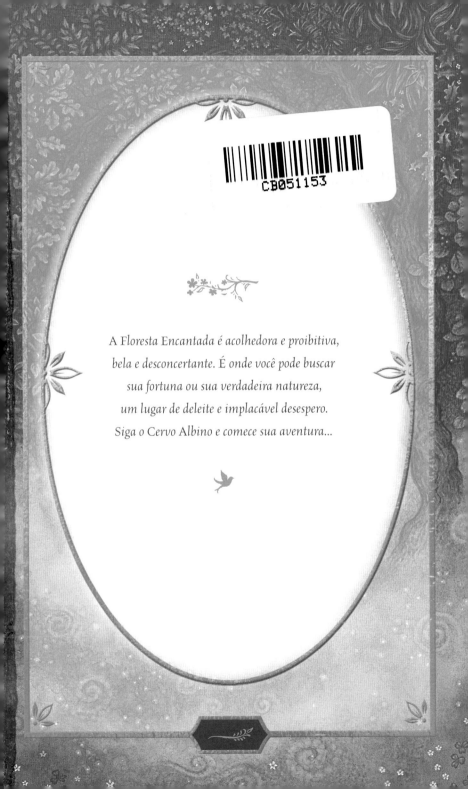

A Floresta Encantada é acolhedora e proibitiva,
bela e desconcertante. É onde você pode buscar
sua fortuna ou sua verdadeira natureza,
um lugar de deleite e implacável desespero.
Siga o Cervo Albino e comece sua aventura...

Lunaea Weatherstone

tem trabalhado com tarô há quase meio século. Ela é autora dos livros: *Mystical Cats Tarot*, *Victorian Fairy Tarot* e *Tending Brigid's Flame*, e tem seu próprio baralho de colagem, *Full Moon Dreams Tarot*, um dos favoritos entre os colecionadores. Lunaea trabalha com confecção de joias e é também sacerdotisa, professora e escritora. Ela mora em Portland, Oregon, com seus gatos Tamas MacTavish e Ysabeau. Visite-a em www.lunaea.com.

Meraylah Allwood

trabalhou com vários autores e editores em todo o mundo ilustrando livros com temáticas que incluem história natural, cura, história antiga, folclore, fantasia e tradições mágicas. Meraylah é membro da Royal Miniature Society e expõe sua arte nas exposições anuais que acontecem em Londres (as pinturas originais deste baralho de tarô são apenas um pouco maiores do que as próprias cartas). Ela mora na zona rural do condado de Suffolk, na Inglaterra.

© Publicado em 2019 pela Llewellyn Publications
© Publicado em 2021 pela Editora Isis.

Tradução e revisão: Karine Simões
Diagramação: Décio Lopes
Design Gráfico: Meraylah Allwood

Dados de Catalogação da Publicação

Weatherstone, Lunaea

Seu Caminho Através da Floresta Encantada /Lunaea Weatherstone Ilustrações de Meraylah Allwood | 1ª edição | São Paulo, SP | Editora Isis, 2021.

ISBN: 978-65-5793-012-0

1. Tarô 2. Arte divinatória I. Título.

Proibida a reprodução total ou parcial desta obra, de qualquer forma ou por qualquer meio seja eletrônico ou mecânico, inclusive por meio de processos xerográficos, incluindo ainda o uso da internet sem a permissão expressa da Editora Isis, na pessoa de seu editor (Lei nº 9.610, de 19.02.1998).

Direitos exclusivos reservados para Editora Isis

EDITORA ISIS LTDA
www.isiseditora.com.br
contato@isiseditora.com.br

A todos os tecelões e detentores de contos,
especialmente Terri Windling.

—Lunaea

Para mamãe, pela terra, e para papai,
pelo céu. Tenho muito amor e
gratidão pelos dois.

—Meraylah

Sumário

AGRADECIMENTOS...XI

INTRODUÇÃO...1

A Jornada na Floresta: Os Arcanos Maiores ... 13

Os Contos da Floresta: Os Arcanos Menores ... 59
    Ases ... 61
    Dois a dez ... 71

O Povo da Floresta: Cartas de Pessoas ... 161
    Crianças ... 163
    Buscadores ... 173
    Tecelãs ... 183
    Guardiões ... 193

ABERTURAS...203

DIÁRIO DO TARÔ...209

Agradecimentos

Sou profundamente grata à Barbara Moore, por ser uma forte defensora deste baralho. Adorei trabalhar com você ao longo dos anos e valorizo nossa amizade. Também agradeço de coração à Meraylah Allwood. A beleza da sua arte é igualada somente a sua gentileza e paciência. Que prazer trabalhar com alguém cujo e-mail diário inclui "indo agora para o yurt fazer criaturas de pinha". É uma alegria passear pela floresta com você.

—Lunaea

Sou grata a todos os meus familiares e amigos que me apoiaram tão pacientemente ao longo deste trabalho. Acima de tudo, agradeço de coração a Graham, Jenny e Aidan, por viajarem pela floresta comigo, por esperarem enquanto eu vagava por emaranhados caminhos desconhecidos, por servirem de modelos improvisados e por todo o seu amor.

—Meraylah

Introdução

A aventura está sempre na floresta tenebrosa.
Adentra-se a mata na parte mais obscura,
onde não há passagem.
Onde a estrada ou o caminho
são destino de outra pessoa.

— Joseph Campbell

A floresta faz parte da psique humana. De contos de fadas e folclore a lendas arturianas e Tolkien, em livros modernos populares, programas de TV e filmes, a floresta é onde o encantamento é encontrado. Como Sara Maitland escreveu em seu livro, From the Forest: A Search for Hidden Roots of Fairy Tales, "A floresta é onde ocorrem as provações nas histórias de fadas, é um lugar tanto perigoso quanto emocionante. Chegar a um acordo com a floresta, sobreviver a seus terrores, fazer uso de seus dons e obter sua ajuda é o caminho para o 'felizes para sempre'".

Uma miríade de personagens e criaturas moram na floresta, mas, para a maioria dos humanos, nesses contos, é um lugar pelo qual você passa para chegar a outro lugar. Não se pode ver muito à frente na floresta, como seria possível em uma paisagem aberta ou no mar. Tudo pode subitamente mudar para melhor ou pior e você pode encontrar o que procura – ou talvez nem mesmo saiba o que está buscando até encontrar.

O Tarô da Floresta Encantada se inspira em muitos contos da floresta, porém não há referência direta a histórias específicas. Você pode fazer suas próprias associações com as cartas sem ter que aderir a nenhum enredo em particular. Se o mago na carta de Suspensão o lembrar de Merlin, então este será ele. Se, por outro lado, ele o lembrar de Luke Skywalker, então esta será sua identidade.

Na Floresta Encantada, você encontrará bruxas e bruxos de vários tipos, fadas e elfos, pássaros e feras (terrestres e sobrenaturais), fantasmas e metamorfos e longevos cavaleiros tristes. Esse é um lugar repleto de mistérios, com árvores retorcidas, flores mágicas, cavernas cintilantes, piscinas naturais e matagais de arbustos espinhosos.

Nossa floresta encantada é britânica em suas raízes, pois é aqui que minha imaginação reside e onde Meraylah, a artista, realmente mora. Ela conhece em primeira mão a magia das antigas florestas inglesas, e você verá e sentirá isso em sua arte.

A Floresta Encantada é acolhedora e proibitiva, bela e desconcertante. É onde você pode buscar sua fortuna ou sua verdadeira natureza, um lugar de deleite e desespero implacável. Siga o Cervo Albino e comece sua aventura.

O Básico do Tarô
(e alguns detalhes)

Todos os baralhos de tarô são compostos de duas partes: os Arcanos Maiores e os Arcanos Menores (arcana significa "segredos" ou "mistérios"). Os Arcanos Menores podem ser divididos em cartas numeradas e cartas de pessoas (geralmente chamadas de Cartas da Corte).

A Jornada na Floresta: Os Arcanos Maiores

As cartas dos Arcanos Maiores têm nomes como A Força ou Os Enamorados. Quando uma carta dos Arcanos Maiores surge em uma leitura, ela pode ser interpretada como um evento importante, uma experiência de vida significativa ou trabalho da alma. As cartas dos Arcanos Maiores quase sempre recebem mais significado em uma leitura do que as cartas dos Arcanos Menores. Elas mostram arquétipos universais que exigem maior atenção para que você receba uma lição ao longo de sua jornada pela vida. Neste baralho, essa jornada é representada pelas aventuras que você terá na Floresta Encantada. Muitas das cartas dos Arcanos Maiores aqui têm novos nomes, mas seus significados principais estão alinhados com os baralhos tradicionais de Waite-Smith.

Tradicional	Tarô da Floresta Encantada
O Louco	O Cervo Albino
O Mago	O Feiticeiro
A Sacerdotisa	A Erudita
A Imperatriz	A Mãe Verde
O Imperador	O Senhor da Floresta
O Hierofante	O Ancião
Os Enamorados	Os Apaixonados
O Carro	A Brisa Feérica
A Força	O Vigor
O Eremita	O Ermitão
A Roda da Fortuna	A Roda do Feiticeiro
A Justiça	O Caçador
O Enforcado	A Suspensão
A Morte	O Cão Negro
A Temperança	A Forja

O Diabo	O Aldrabão
A Torre	A Tolice
A Estrela	A Luz Estelar
A Lua	A Luz Lunar
O Sol	A Luz Solar
O Julgamento	O Conselho de Animais
O Mundo	A Vastidão do Mundo

Os Contos da Floresta: Os Arcanos Menores

As cartas dos Arcanos Menores em qualquer baralho de tarô têm quatro naipes, assim como um baralho normal de cartas. Embora os significados tradicionais das cartas menores sejam mantidos, neste baralho os quatro naipes têm novos nomes:

Tradicional	Tarô da Floresta Encantada
Varinhas/Bastões/Paus	Feitiços
Taças/Copas	Visões
Espadas	Desafios
Pentáculos/Ouros	Bênçãos

Eles geralmente são descritos da seguinte forma:

Feitiços: o naipe do fogo. Ação, vontade, confiança, transformação, coragem, carisma.

Visões: o naipe da água. Emoção, desejo, amor, compreensão espiritual, intuição, sonhos.

Desafios: o naipe do ar. Conflito, estratégia, inteligência, agilidade mental, sobrevivência.

Bênçãos: o naipe da terra. Assuntos práticos, prosperidade, proteção, cura, bem-estar em geral.

As cartas dos Arcanos Menores geralmente são interpretadas como relacionadas a experiências do dia a dia e eventos passageiros. Neste baralho, cada uma dessas cartas mostra um fragmento de um conto, um momento durante uma extensa narrativa, mais ou menos como um retrato instantâneo encantado (de fato, isso acontece com todas as cartas dos Arcanos Menores, não apenas com as nossas!). Use sua imaginação para preencher o resto da história, relacionando-a com suas próprias situações e questões. O final da narrativa pode ser feliz para sempre ou uma lição sombria a ser aprendida.

Cuidando e Energizando Seu Baralho

Existem muitas correntes de pensamento sobre a maneira "adequada" de cuidar de um baralho de tarô. Na minha opinião, a maneira adequada é aquela que parecer certa para você. O principal é tratar suas cartas com respeito. Guarde-as cuidadosamente com gratidão quando terminar de usá-las. Não as deixe espalhadas sobre a mesa entre as migalhas da torrada. Se você sentir que as cartas retêm melhor a energia delas na caixa original, isso será o certo a se fazer. Mas, se preferir guardá-las em uma bolsa bordada ou um lenço de seda ou uma caixa de sândalo entalhada à mão e adornada com joias, isso também será perfeito.

Você pode armazená-las com cristais ou outras pedras que ajudem a esclarecer e aumentar a energia delas. A ágata musgosa tem uma adorável energia florestal. Pequenos galhos ou nozes recém-colhidas de árvores que tenham um significado especial para você também podem invocar o encantamento da floresta. Runas ou varetas rúnicas mantidas junto ao seu baralho aumentam o espírito oracular e podem ser usadas para conexão com as próprias cartas.

Perguntas Frequentes

1. Qual é a melhor maneira para aprender tarô?

A coisa mais importante sobre como trabalhar com cartas de tarô é realmente olhar para elas. Tarô é uma ferramenta visual. Não tenha pressa e entre na imagem, visualize-se na paisagem. Os detalhes, as cores, o clima, a história que está sendo contada – tudo é significativo. Em seguida, feche os olhos e visualize a carta novamente, lembrando-se do que viu. Muitas vezes, a parte mais importante das imagens da carta é o que permanece em sua mente.

Depois de passar um tempo olhando para ela, leia a descrição do livro para obter mais informações sobre seu significado. E então volte e olhe para a carta um pouco mais. Você concorda com o livro? (Dica: você não precisa). O tarô é muito subjetivo! Use sua intuição para encontrar a mensagem que as cartas guardam para você e somente para você.

2. Como se memoriza todos esses significados?

Isso é algo que ouvi de tantos novos leitores de tarô. Muitas vezes, eles se sentem envergonhados por "ainda" terem que procurar as interpretações das cartas, mesmo estando com seu baralho há apenas alguns meses. Pode levar anos para se conseguir "desapegar do livro", mas a boa notícia é que você não precisa! Se estiver planejando ser um leitor profissional, claro, você deve ter uma compreensão de todas as cartas, mas, mesmo assim, não há nada de errado em consultar o livro. Memorizar os significados e recitá-los mecanicamente não é a melhor maneira de ler as cartas. Aprenda-os lentamente, lendo-os de novo e de novo, olhando as imagens e conversando sobre elas com outras pessoas – é assim que você realmente torna o tarô seu amigo.

3. Posso ler as cartas sozinho?

Sim e, na verdade, sugiro que você só leia para si mesmo no início. Você se conhece melhor do que qualquer outra pessoa, então está em uma boa posição para saber se as cartas estão interagindo com você de uma forma útil ou não. Quando se sentir confortável com seu baralho, poderá começar a fazer leituras para seus amigos ou família. Diga a eles que você está apenas começando e pergunte o que eles vêem nas cartas. Essa é uma ótima maneira de aprender também. A mente do iniciante é uma coisa maravilhosa.

4. Eu tenho que _____?

Não. Não, você não precisa [tanto faz]. Essas são suas cartas e você pode usá-las da maneira que quiser. A única regra em que você deve prestar atenção é ser consistente na maneira como as lê. Pode demorar um pouco para encontrar o caminho certo para você, então, como iniciante, é melhor se comprometer com processo no início, como cortar o baralho três vezes antes de distribuir as cartas. Quando eu era nova no tarô, sempre embaralhava cinco vezes – nem mais, nem menos – porque, do contrário, eu me questionaria. Quando embaralhava cinco vezes, sabia que tinha feito da maneira "certa" e podia relaxar e apenas ler as cartas sem me preocupar se, de alguma forma, tinha pegado as cartas erradas. As únicas regras que você precisa obedecer são as que você mesmo estabeleceu. Isso é o que os leitores experientes também fazem. Como você acha que todas essas regras começaram em primeiro lugar?

Como Usar Suas Cartas

Uma das melhores maneiras de assimilar qualquer novo baralho de tarô é examinando as cartas rapidamente e dizendo em voz alta uma breve descrição do que você vê. Esse exercício de "flashcards" pode ser feito repetidamente, podendo-se ter mais revelações sobre as cartas cada vez que você o fizer. Até os especialistas em tarô podem se beneficiar dessa técnica de renovação. É fácil ficar preso naquilo que se presume sobre uma carta e, ao trabalhá-las em um diálogo espontâneo, você permite que elas lhe digam o que desejam transmitir. Isso também bloqueia sua mente analítica para que sua intuição possa surgir, e a intuição está no cerne de toda adivinhação.

Portanto, pegue suas cartas e analise-as rapidamente, dizendo apenas a primeira coisa que lhe vier à mente. Vou começar com minhas impressões rápidas das primeiras cinco cartas:

O *Cervo Albino:* névoa rodopiante

O *Feiticeiro:* coruja na prateleira

A *Erudita:* dois caminhos

A *Mãe Verde:* filhotes

O *Senhor da Floresta:* belo!

Como você pode ver, esses flashes não têm a intenção de serem profundos. Mas você verá coisas novas o tempo todo, e seus *insights* florescerão a partir desse humilde começo.

As descrições são escritas como se a carta se referisse a você pessoalmente, mas também considere se ela na realidade não se refere a outra pessoa ou talvez à própria situação. Por exemplo, a carta da Mãe Verde simboliza o amor e o cuidado materno, que poderia ser sobre sua própria capacidade de doar tal amor, sua necessidade de tal amor ou uma oportunidade para usar qualidades maternas na situação que você está perguntando (entre muitas outras possibilidades de interpretação). Deixe que as descrições sejam um ponto de partida, não a totalidade da riqueza das cartas.

Uma Análise Mais Detalhada

A descrição de cada carta inclui "Uma análise mais detalhada". Esse conhecimento rico em detalhes têm o objetivo de encorajar uma forma visual de ler e compreender as cartas. Você pode simplesmente cambalear pela floresta, tentando encontrar a saída, ou pode olhar onde está agora e apreciar a própria jornada. "Uma análise mais detalhada" ajuda você a acessar a linguagem dos símbolos, e é aí que o encantamento é encontrado.

Sobre Reversões

Ao usar as cartas em uma leitura, você pode escolher lê-las todas na vertical ou considerar o que significa quando uma carta é invertida (quando está de cabeça para baixo). O verso da carta foi projetado para que você não saiba para que lado a carta está orientada quando voltada para baixo. Eu não uso reversões, então não incluí nenhuma interpretação reversa neste livro. Mas, se você aprecia usá-las, vá em frente! O importante é ser consistente. Deixe suas cartas saberem se você estará considerando reversões ou não para que elas saibam como se apresentar e para que você não se questione. Se você decidir que vai ler todas as cartas na vertical, basta virar qualquer carta que esteja de cabeça para baixo e colocá-la na vertical para interpretar a leitura. Um excelente livro sobre a exploração dos significados das cartas invertidas de tarô é The Complete Book of Tarot Reversals, da renomada mestre de tarô Mary K. Greer.

Embaralhando e manuseando as cartas

As cartas de tarô costumam vir em muitos tamanhos diferentes, assim como nossas mãos. Se você conseguir embaralhar confortavelmente suas cartas de tarô, ótimo, mas não se preocupe se o tamanho das suas mãos não for compatível com o das cartas! Você não precisa embaralhá-las como faria com um baralho de cartas padrão, que geralmente é bem menor. Aqui estão outras maneiras de misturá-las:

Embaralhamento Lateral

Em vez de embaralhar com o topo das cartas se intercalando, corte o baralho em duas pilhas, coloque-as lado a lado e embaralhe pelas laterais.

Divisão justa

Distribua suas cartas em cinco (ou mais) pilhas. Não seja muito organizado – deixe as cartas irem para a pilha que elas parecem querer ir – e distribua-as o mais rápido possível. Em seguida, junte-as novamente em uma única pilha. Você pode querer fazer isso mais de uma vez, por exemplo, distribuindo em cinco pilhas, depois em quatro, depois três. As cartas ficarão completamente misturadas fazendo dessa forma.

Bagunçando as coisas

Sente-se à uma mesa vazia ou no chão e espalhe todas as cartas à sua frente formando uma espécie de piscina. Coloque as mãos espalmadas sobre as cartas e deslize-as aleatoriamente, mexendo a piscina, por assim dizer. Mova as cartas do centro para fora e vice-versa, certificando-se de que todas elas sejam bem misturadas. Isso pode ser bastante meditativo e pode colocá-lo em um bom estado de transe para a leitura. Quando parecer certo parar, você pode reunir as cartas de volta em uma única pilha ou retirá-las ao acaso.

Tudo ou nada

Eu faço isso na primeira vez que uso um novo baralho e sempre que quero "animar" as cartas. Isso me anima também, pois sinto que elas e eu estamos jogando juntas, em vez de usá-las como uma ferramenta.

A técnica é simples. Sente-se na sua cama (pode sentar-se à mesa ou no chão, mas na cama é mais divertido). Segurando suas cartas a cerca de trinta centímetros acima da cama, solte-as em um movimento de dispersão e, em seguida, use as mãos para jogá-las como se estivesse misturando uma salada. Reúna-as em punhados e deixe-as cair novamente, mudando do movimento de misturar a salada para o movimento de amassar o pão – em outras palavras, faça uma bagunça!

Algumas das cartas estarão voltadas para cima nesse momento. Se alguma parecer estar chamando sua atenção, deixe-a de lado para considerá-la mais tarde. Quando sentir que suas cartas estiverem bem misturadas, junte-as novamente em uma pilha e arrume-as até que estejam todas viradas para baixo e prontas para a próxima leitura.

A Jornada na Floresta

Os Arcanos Maiores

Uma miríade de personagens e criaturas moram na floresta, mas, para a maioria dos humanos, nesses contos, é um lugar pelo qual você passa para chegar a outro lugar. Não se pode ver muito à frente na floresta, como seria possível em uma paisagem aberta ou no mar. Tudo pode subitamente mudar para melhor ou pior e você pode encontrar o que procura — ou talvez nem mesmo saiba o que está buscando até encontrar.

0 • O Cervo Albino

Na extremidade da densa floresta, há um convite para o encantamento. Quando vir um cervo branco puro, esse é um sinal de que você está sendo chamado para segui-lo, e apenas tolos ignorariam tal convocação. No entanto, é preciso confiança para adentrar a floresta e explorar o desconhecido e o não mapeado. Mistérios o aguardam de acordo com o que sua alma necessita para a jornada do cervo. Existem surpresas em cada curva do caminho na mata – e, frequentemente, não haverá caminho algum. O Cervo Albino abre um portal para a selva, e seu coração selvagem de consulente responde. Avance através da névoa rodopiante para o reino da macieira e do carvalho, do freixo e do espinheiro, do abeto e do salgueiro, do azevinho e da aveleira. Podem haver aliados ao longo da trajetória bem como adversários e o primeiro passo para a floresta deve ser dado por você.

O nome tradicional desta misteriosa carta numerada zero é Louco e ele simboliza o início de uma nova aventura empreendida com um coração puro e inocente.

• • • •

Significado à primeira vista: Novo começo.
Aceite de um convite. Prosseguir com confiança.
O início da jornada. Seguir seus instintos.

Uma análise mais detalhada: As árvores que são nomeadas na descrição são mostradas na carta, no sentido horário, da esquerda para a direita. Cada uma tem um significado mágico: maçã – outros mundos; carvalho – resistência; freixo – ação; espinheiro – proteção; abeto – perspectiva; salgueiro – intuição; azevinho – desafio; avelã – sabedoria.

I • O Feiticeiro

O Feiticeiro observa tudo o que acontece na floresta e então ele a influencia, manipula, interfere e reúne elementos para criar situações que considera benéficas. Ele põe as coisas em movimento e é capaz de conversar com qualquer pássaro, fera, gnomo, ogro, silfo e elfo (embora costume fingir que não ouve quando interage com os elfos). O Feiticeiro tem especial interesse pelos humanos que passam pela floresta, qualquer que seja seu propósito. Você pode pedir ajuda mágica a ele se estiver com problemas. Contudo, esteja ciente de que ele pode decidir não dar o tipo de assistência que você esperava ou ansiava. Ele é conhecido por agitar as coisas para aqueles que tentam seguir o caminho mais seguro.

O Feiticeiro é previdente quando se trata de aventuras que acontecem na floresta, e o que parece inexplicável e problemático para você pode ser parte de um algo maior que só ele pode ver. Ainda assim, você sempre pode aprender com ele, especialmente quando se trata de usar ao máximo seus próprios poderes.

• • • •

Significado à primeira vista: Magia. Sabedoria. Força de vontade e intenção. Capacidade de influenciar e ajudar. Poder ao seu comando.

Uma análise mais detalhada: as mangas do Feiticeiro são adornadas com pele de lontra, um amuleto de proteção frequentemente usado por bruxos. O Feiticeiro conjurou o pelo sem ferir nenhuma lontra, é claro.

II • A Erudita

Em um lugar onde os caminhos da floresta divergem, há uma antiga macieira. De um lado, há prateadas maçãs da lua, do outro, douradas maçãs do sol. Você pode passar por baixo desses ramos para pegar o caminho da escuridão ou o caminho da luz. Há um fascínio por ambas as direções, com aspectos positivos e negativos em cada uma. Sua escolha não é óbvia. A Erudita senta-se entre as raízes da macieira neste lugar liminar entre os possíveis destinos. Ela não tomará decisões por você, mas pode ajudá-lo a decidir por si só. Com seus dons inveterados, a Erudita trabalha com seus guias e espíritos para interpretar os augúrios. Reunindo seus amuletos oraculares, ela os joga sobre o pano, observando-os cair em um padrão que somente ela entende. E agora ela encontra seu olhar, arqueando uma sobrancelha com divertimento sutil. Você realmente quer saber seu destino? Sim, é preciso. Você não estaria aqui se não estivesse pronto.

A carta da Erudita confirma que existe um núcleo de profundo conhecimento dentro de você, mas pode ser que precise de orientação espiritual para acessá-lo. A sabedoria exige tempo, devoção, paciência e, acima de tudo, disposição para aceitar e se comprometer com o caminho que escolher. A Erudita não discute com oráculos, e nem você deveria. Apenas leia os sinais, pois eles estão por toda parte.

• • • •

Significado à primeira vista: Sabedoria. Espiritualidade e misticismo. Conselhos oraculares. Ver o invisível. Tirar o véu.

Uma análise mais detalhada: A Erudita usa um colar de âmbar e azeviche, que invoca as energias da luz e das trevas, do dia e da noite, da iluminação e do mistério.

III • A Mãe Verde

Venha, sente-se aos pés da Mãe Verde e seja protegido pelo seu amor. Ela é a fonte criativa que traz a energia vital da floresta à fruição e ao nascimento, é a nutridora que recebe os recém-nascidos com seu beijo abençoado. Ela encoraja a curiosidade de sua preciosa Criança Verde, incutindo-lhe um sentimento de admiração da infinita variedade de delícias terrenas. A pequenina se apega à mamãe por enquanto, mas fica mais corajosa conforme aprende que a natureza é sua amiga. A Mãe Verde nos mostra como cada um de nós faz parte do mundo natural, como as árvores e os riachos e o canto do cuco. Ela nos ensina a amar a nós mesmos como parte de sua criação.

A Mãe Verde é a personificação do poder feminino. Ela representa a sexualidade, o mundo sensível e o amor incondicional. Ela é a essência da fertilidade. Recorra a ela quando precisar de um maior apoio terreno, um impulso criativo, uma cura ou um cuidado reconfortante. A Mãe Verde quer que você se lembre de que você colhe o que planta, então preste atenção onde você coloca sua energia.

• • • •

Significado à primeira vista: Poder feminino.
Amor incondicional. Recompensa da natureza.
Generosidade. Fertilidade e maternidade. Beleza.
Uma análise mais detalhada: A Mãe Verde tem passas de corinto, símbolo de fertilidade, entrelaçadas em seus cabelos.

IV • O Senhor da Floresta

Todos os que passam pela floresta encantada devem prestar homenagem ao Senhor da Floresta, pois tudo o que vive e respira está sob seu domínio, do gigante mais poderoso ao menor musaranho. Ele é a essência da energia masculina selvagem mantida sob controle... a maior parte do tempo. Ele tem a pressa viril do cervo e a postura imóvel do urso. Seu companheiro de maior confiança é o líder de todos os javalis, a criatura mais feroz da floresta. Aproxime-se do Senhor da Floresta com respeito, mas não tenha medo. Ele é o pai afetuoso e também o governante. Ele é dominante, porém nunca valentão, e conquistou o amor e a lealdade daqueles que estão sob seus cuidados.

O Senhor da Floresta representa os deveres que vêm com grande poder – proteger seus súditos, defender sua liberdade e salvaguardar seu santuário. A liderança é um privilégio. A autoridade sobre os outros deve ser exercida apropriadamente e não deve ser abusada. A soberania vem de dentro e não precisa ser exigida. A confiança do Senhor da Floresta vem de permanecer fiel à sua nobre natureza.

• • • •

Significado à primeira vista: Poder interior. Virilidade. Liderança natural. Nobreza de caráter. Paternidade. Domínio e comando territorial.

Uma análise mais detalhada: O azevinho e o carvalho em seus chifres representam o ciclo eterno da vida se renovando. O carvalho regula a metade clara do ano, o azevinho regula a escura.

V • The Oldest One

A floresta é antiga e cheia de histórias. O menino ouriço. A noiva do coelhinho. As princesas adormecidas. O filho tolo, a irmã fiel, a maçã envenenada. Cada viajante que passa adiciona um fio de história à teia cintilante de encantamento. A preservação de todas essas histórias é confiada ao Ancião, guardião da memória da floresta. Este venerável teixo já viu três mil verões ou mais. Com a idade, vem a capacidade de ver o quadro geral com calma contemplação e compreensão profundamente enraizada. O Ancião dá-lhe as boas-vindas e pede-lhe para permanecer ali um pouco. Peça-lhe a narrativa que mais precisa ouvir agora, depois adicione sua própria história à biblioteca viva de folclore.

O Ancião nos lembra que ter uma perspectiva histórica é reconfortante em tempos difíceis, e ter uma perspectiva mitológica ou religiosa nos ajuda a encontrar significado em nossas vidas. Contos, lendas e sabedoria foram transmitidos de geração em geração porque são uma parte vital de nossa humanidade compartilhada.

• • • •

Significado à primeira vista: Ensino. Tradições. Religião e mitologia. Conselho sábio. Verdadeira autoridade e experiência.

Uma análise mais detalhada: Está vendo a coruja?
Isso dá uma ideia de quão grande é o Ancião.

VI • Os Apaixonados

Em um dia quente de verão, com o aroma de madressilva selvagem lançando seu feitiço sonolento, um casal de namorados descansa à sombra. Eles cantam juntos em agradável harmonia:

> *Sob a árvore verdejante, quem será minha amante,*
> *Entoando uma melodia como um sabiá faria?*
> *Venha aqui, venha aqui, venha aqui...*

Sua canção termina com risadas suaves, o doce som de um regozijo imperturbável. Esses moradores da floresta são foras da lei da sociedade que escolheram uma vida juntos para cumprir um destino comum. O amor deles virou lenda, pois é duradouro, abrangente e eterno. Aconteça o que acontecer, os Apaixonados enfrentam seus desafios lado a lado, como iguais. Ambos usam braceletes de couro e seus arcos ficam à mão. Mas, neste momento, há apenas paz, e todo o mundo está nos olhos um do outro.

Esta carta não é sobre um romance insignificante. Os Apaixonados representam a verdadeira parceria e as escolhas de vida e sacrifícios que vêm com o compromisso. Embora o casal mostrado aqui seja formado por um homem e uma mulher, almas gêmeas se encontram em todas as combinações de gênero.

• • • •

Significado à primeira vista: Amor e paixão. Escolhas da vida. Almas gêmeas. Crença no destino do amor.

Uma análise mais detalhada: a música que os Apaixonados estão cantando é "As You Like It", de Shakespeare, ato II, cena 5. A madressilva simboliza o amor devoto e afeição, assim como as duas rolinhas.

VII • A Brisa Feérica

O clima silencioso da floresta muda, sutilmente no início e depois com crescente tensão, como a calmaria ofegante antes de uma tempestade. Você ouve um súbito ruído à distância, ficando mais alto à medida que se aproxima. É o som das copas das árvores dançando ao vento se aproximando cada vez mais até chegar sobre você, levantando seus cabelos e resfriando suas bochechas. Você está cercado por uma fragrância repentina de campânulas, musgo e mel. Esta não é uma brisa comum – ela pressagia o voo selvagem dos seres feéricos, que brilham em sua visão: imperiosos, arrogantes, de beleza indescritível. Seu coração anseia por eles com uma urgência aguda de ir aonde eles vão e de ver o que veem. Mas nunca tente persegui-los – acredite em mim, isso não irá acabar bem. As fadas seguem seu próprio caminho e você deve seguir o seu.

A Brisa Feérica é um poderoso sinal de sucesso final. Apenas os mais afortunados veem os seres feéricos, embora muitos tenham sentido sua presença. As coisas irão acelerar para você agora, e seus esforços fluirão rapidamente em direção a um resultado positivo. Siga em frente com confiança expandida.

• • • •

Significado à primeira vista: Velocidade. Mudança. Notícias importantes. Sucesso. Autogovernança. Realização independente.

Uma análise mais detalhada: Lendas contam sobre pessoas que foram arrastadas pela Brisa Feérica e depositadas a quilômetros de distância. Se isso acontecer com você, não tenha pressa para voltar.

VIII • O Vigor

Era uma vez, uma jovem que entrou na vasta e assustadora floresta. Ela foi por vontade própria e usava uma capa carmesim que a tornava facilmente visível para qualquer criatura que pudesse observar seu progresso pela floresta escura. E, de fato, era uma vez, um grande lobo que estava olhando para ela. Você pode pensar que conhece o resto desta história – engano, violência, vingança. Essa narrativa tem como objetivo alertar as crianças para não irem para a floresta, ou saírem em busca de aventuras, ou confiar em lobos. Era uma vez, dois corações poderosos que encontraram forças para mudar a história. O lobo se recusou a machucar ou trair a donzela, ela, por sua vez, recusou-se a odiar ou temer o lobo. Ela também não o domesticou, pois amava sua natureza selvagem. Ela encontrou um lar na floresta e envelheceu lá, com o lobo mágico sempre ao seu lado.

Força é estar firmemente alicerçado em quem você é, também é ter coragem para as tarefas que lhe são confiadas e conhecer a fonte dessa garra. Em vez de permitir que as circunstâncias o derrotem, busque dentro de si a força necessária para fazer mudanças, enfrentar desafios e seguir em frente com coragem. Você não faz isso por força bruta, mas por amor. A força vem de confiar em seu coração.

• • • •

Significado à primeira vista: Autoconhecimento. Coragem e fortaleza. Reservas de força interior. Laços de lealdade e amor.

Uma análise mais detalhada: As plantas nesta carta são todas símbolos de força gentil, amor, calma e pureza: carvalho, flor de pereira, violetas brancas, morugens e rosas mosqueta.

IX • O Ermitão

Embora os texugos sejam criaturas sociáveis por natureza, alguns preferem morar sozinhos. Eles são os estudiosos e filósofos da floresta – ambas ocupações que requerem uma intensa escavação, pois leva tempo e solitude para se adquirir compreensão profunda. As visitas do Ermitão são raras, e ele organizou seu quarto para seu próprio conforto: uma cadeira, um copo para seu período noturno, uma pequena lareira para aquecimento e contemplação. Ele pode ser procurado para orientação (se estiver de bom humor), mas não impõe seu conselho sem ser solicitado e nem tem paciência com tagarelice. Se você tem uma mente curiosa e quer aprender sinceramente, encontrará o caminho até a porta dele. Quando estiver pronto para se aprofundar, a porta se abrirá.

O Ermitão escolheu viver na solidão para evitar as distrações diárias. Ele é um monotarefa, dando atenção total a cada uma de suas muitas buscas. O conselho dele para você é fazer o mesmo. Aproveite o tempo e o espaço para desfrutar da sua própria companhia sem interrupções. Assuma o controle de suas interações com outras pessoas. Não deixe que elas o atormentem.

• • • •

Significado à primeira vista: Solidão. Uma preferência pelo lar em vez da sociedade. Estudo. Perspectiva. Um tempo de aprofundamento.

Uma análise mais detalhada: A esfera armilar foi um presente do Feiticeiro, que tem uma semelhante e percebeu que seu amigo recluso a admirava em suas raras visitas.

X • A Roda do Feiticeiro

No centro da floresta, suspensa entre o carvalho e o azevinho, está uma roda mágica tecida pelo próprio Feiticeiro. Sobre ela estão sinais de vida e morte, cura e veneno, mistério e sabedoria, tempo e atemporalidade. Cada parte dessa tecelagem de feitiços contribui para seu poder, assim como todas as experiências de nossas vidas constituem o todo. Para colocar o encantamento da roda em movimento, diga estas palavras: "Milefólio, solidéu, dedaleira, agrimônia, verbena". O feitiço é selado pela magia das pegas: uma para tristeza, duas para alegria, ovo, osso, garra, crânio e pena. A roda foi feita para confundir, confrontar, enganar? Quem sabe? Os magos não dão explicações.

A Roda do Feiticeiro é o grande desconhecido, são as coisas que não podemos controlar ou compreender. Elas são o que são. A vida deve estar engajada em toda a sua complexidade se algum significado for encontrado na jornada. Raríssimas bênçãos vêm sem seus desafios e vice-versa. Às vezes, há apenas uma pega, mas outra virá no momento adequado, transformando sua tristeza em alegria.

• • • •

Significado à primeira vista: A inevitabilidade da mudança. Mistérios maiores. Destino e fortuna. Boa sorte e azar.

Uma análise mais detalhada: a estrela central é formada por plantas que possuem propriedades curativas, mágicas e venenosas: milefólio (proteção mágica), solidéu (sono e transe), agrimônio (medicina das fadas), dedaleira (cura do coração e veneno) e verbena (antídoto para o veneno). Sete pegas estão presentes na carta, representadas seja pelo ovo, pela pena, pelo crânio ou pelo pássaro.

XI • O Caçador

O poderoso Caçador está com seu arco e flecha nas mãos, e seu chifre de caça em seu cinto. Perto dele estão uma corça e um cervo, bem mais próximos do que um animal selvagem normalmente se aproximaria de um homem. Mas o Caçador não é um homem mortal, ele é a personificação da justiça da natureza. Ele defende o bem-estar da floresta e de suas criaturas protegendo os vulneráveis. O Caçador aparece quando algo perturba a ordem natural das coisas. Ele pode ser convocado para se obter ajuda em uma causa justa, e não tolerará engano ou decepções. Quais são suas motivações? Sua palavra é confiável? Ele está o avaliando, não condenando, por enquanto.

A lei protege os inocentes. Aqueles que invocam a lei devem vir de um lugar de retidão e verdade. Encontrar o Caçador significa que o equilíbrio da justiça está em jogo, e você deve ter o cuidado de obedecer às leis da natureza e da humanidade. Ouça sua consciência, conforme manifestado pelo Caçador, e faça a coisa certa.

• • • •

Significado à primeira vista: Justiça. Integridade e negociações justas. Questões legais e éticas. Verdade e honra. Respeitar e ser respeitado.

Uma análise mais detalhada: O chifre do Caçador é tocado para chamar a Caçada Selvagem que ocorre na floresta na véspera de maio, na Noite de Santa Valburga, e na véspera de todos os Santos. Também é soprado como um lamento pela morte de um inocente.

XII • A Suspensão

Em um pinheiro antigo, em uma parte remota da floresta, um feiticeiro está suspenso em âmbar. Embora seu corpo esteja paralisado, ele está vivo e sua consciência vagueia livremente por muitos mundos. Em sua presciência, ele previu que uma sabedoria mais profunda seria necessária caso quisesse ajudar o mundo em tempos difíceis. A passagem normal do tempo foi muito rápida para ele aprender tudo o que desejava. Então ele criou uma bolsa de atemporalidade no coração do pinheiro e entrou nela por vontade própria. Enquanto a seiva encantada fluía calorosamente em torno de sua forma mortal, o feiticeiro sentiu-se girando, livre das garras da gravidade. Quando o âmbar se solidificou, ele ficou de cabeça para baixo como uma criança no útero. No momento adequado, o feiticeiro se libertará dessa câmara de aprofundamento e emergirá renascido.

A Suspensão significa um tempo de entrega a um propósito superior. Há momentos para ação e há momentos em que é melhor ficar recluso e aprofundar-se na sabedoria. Sua alma está pronta para o próximo estágio de crescimento. Isso pode envolver um sacrifício de ambições mundanas ou planos bem traçados.

• • • •

Significado à primeira vista: Iniciação. Um novo ponto de vista. Entrega. Mensagens místicas. Um retiro da vida diária. Atender a um chamado interno.

Uma análise mais detalhada: A libélula é um símbolo de mudança e autorrealização. A presença de uma libélula no casulo âmbar do feiticeiro é uma afirmação de que ele está no caminho certo em sua busca pela sabedoria.

XIII • O Cão Negro

Dos seres sobrenaturais que moram na floresta, poucos são tão temíveis quanto Cão Negro, pois ele é um presságio de morte. Seu coração está batendo um pouco mais rápido agora? Ele é um dos cães espectrais que vagam pela terra, assombrando os pântanos mais sombrios e as florestas mais escuras. Pode ser que já tenha ouvido ele arranhar e ganir à sua porta e agora você o encontra entre as lápides, iluminadas por relâmpagos. Não se preocupe, ele não irá machucá-lo – o Cão Negro não está aqui para tirar sua vida, ele vem como um memento mori, um lembrete de que a morte espera por você e a vida não pode ser desperdiçada. Olhe em seus olhos de fogo, deixe-o saber que você entende sua mensagem. Se tiver coragem, estenda a mão cautelosamente e sinta seu hálito frio. Ele conhece o seu cheiro e o encontrará novamente. Cedo ou tarde, o Cão Negro virá para todos nós.

Quando o Cão Negro aparecer, leve isso como um sinal de que você precisa priorizar o que é importante e liberar o que não lhe serve mais. A carta raramente significa uma morte física, mas não fuja totalmente dessa interpretação. Sente-se com ele por um tempo. Todas as coisas ocorrem no seu devido tempo, e fazer amizade com o Cão Negro diminuirá os medos injustificados.

• • • •

Significado à primeira vista: Ciência de que o tempo é finito. Mudança. Evolução. Liberação do antigo para abertura de um novo caminho. Fazer as pazes com um final.

Uma análise mais detalhada: Enquanto estiver no cemitério enevoado, você pode apenas decifrar alguns dos desenhos nas velhas lápides desgastadas. O que gostaria que escrevessem na sua?

XIV • A Forja

Em uma ampla clareira, há uma forja antiga onde espadas mágicas são confeccionadas. Os anões têm se dedicado a essa tarefa desde que se lembram – e isso é muito tempo, de fato. Todos os elementos são necessários para invocar a alma de uma espada: terra, fogo, ar, água. As matérias-primas da terra são ativadas e transformadas pelo fogo, que é mantido vivo pelo ar. Os metais ígneos são resfriados por água pura de uma fonte próxima, processo que tempera as lâminas e as fortalece. As espadas são trabalhadas e moldadas na bigorna – depois aquecidas e resfriadas novamente. Quando esses mestres artesãos estão satisfeitos com o equilíbrio e a força de cada lâmina, as espadas reluzentes e seus punhos são finalizados com joias e runas místicas. Esta é a vocação dos anões no sentido mais elevado – uma tarefa espiritual e mágica, bem como prática.

A Forja representa a combinação de elementos para alcançar o equilíbrio. O tempo gasto no fogo deve ser equilibrado pelo tempo na água, metaforicamente falando. A lâmina é estressada pelas chamas e então abençoada pela água viva. Combinar estresse e bênção resulta em força.

• • • •

Significado à primeira vista: Equilíbrio. Temperança. Moderação. Alquimia. Harmonia elemental.
Força que vem para suportar o sofrimento.
Uma análise mais detalhada: O redemoinho mágico em torno dos anões contém pequenos símbolos para os elementos.

XV • O Aldrabão

O Aldrabão acena e persuade você a se aproximar. Sua voz é melíflua, gutural, sensual – a voz que você sempre quis ouvir, dizendo o que você sempre quis acreditar. Ele promete segredos deliciosos, coisas que nunca compartilhou com outra alma vivente – mas você é especial. Você é aquele por quem ele esperava, o digno, o escolhido. Aproxime-se. É seguro desviar o caminho, pode confiar. É apenas um pouco contramão, mas não muito. Você sempre pode voltar correndo, se desejar. Ele não irá pará-lo. Não há nada a temer. Seu cajado é apenas uma bengala, não uma serpente. Não há rato algum encarando-o de seus cabelos. Seus próprios olhos o enganam. Aproxime-se.

O Aldrabão representa perigo, escravidão, vício, uma separação do espírito ou da alma das relações humanas. Ele é um mesmerista que pode facilmente induzir as vítimas a acreditar em suas mentiras, se elas não estiverem atentas. Ele sabe tudo que você quer e, se uma abordagem não funcionar, ele rapidamente tentará outra. Você deve escolher escapar, pois ele nunca o deixará ir embora por conta própria.

• • • •

Significado à primeira vista: Escravidão ao que é prejudicial. Separação de mente e coração. Sem alma. Manipulação. Vícios.

Uma análise mais detalhada: A pega, pássaro do Aldrabão, está trazendo ouro para ele. Existem pegas e penas de pegas em outras cartas. Você consegue encontrá-las?

XVI • A Tolice

Muito tempo atrás, um homem rico cavalgando pela floresta encontrou a árvore mais alta e magnífica que já tinha visto. Sentindo-se com direito a tudo o que lhe interessava, ele a reivindicou para si. Não satisfeito com a perfeição da natureza, ele ordenou que a árvore fosse escavada e esculpida em uma tolice elaborada. Em sua arrogância e ignorância, ele se recusou a ouvir os avisos dos lenhadores de que a copa da árvore era muito estreita para suportar a tensão. Temendo por seu emprego, os lenhadores obedeceram às ordens cruéis, embora isso lhes partisse o coração. No início, o homem rico e seus amigos abastados se divertiram com a aparência excêntrica daquela tolice na floresta solene, mas logo perderam o interesse e a abandonaram. Com o tempo, a árvore – morrendo de dentro para fora – quebrou e a tolice caiu em ruínas. Uma zona morta irradia de suas raízes e nenhuma criatura se aproxima, exceto um enorme bando de gralhas que se erguem em espiral ao anoitecer, gritando duramente sua raiva e dor.

A Tolice significa o fim das vaidades indulgentes e sem valor. Isso nem sempre é bom, pois as mudanças mais radicais perturbam o equilíbrio da pessoa por um tempo. Dê um passo para trás e veja o que fez e como isso funciona para você. Que loucura precisa ser destruída para que o verdadeiro e o belo possam retornar?

• • • •

Significado à primeira vista: Destruição Acabar com o velho para abrir caminho para o novo.
Uma má ideia chega ao seu inevitável fim.
Uma análise mais detalhada: O nome tradicional desta carta é Torre. De que serviria uma torre em meio a ruínas?

XVII • A Luz Estelar

Se você caminhar calmamente pela floresta em uma noite clara e sem lua, poderá ouvir cantos bem do alto, onde as copas das árvores se abrem para a vastidão do céu. Há bosques de faia e tília muito apreciados pelos elfos da floresta, que os chamam de elerrína, "coroado de estrelas". Feche os olhos e ouça suas vozes etéreas: cantos de eras passadas, com lamentos pelos caídos e exaltações dos ilustres. Eles cantam sobre os padrões de destino que percebem do ponto de vista da imortalidade. Eles cantam sobre as estrelas, cuja luz ainda chega até nós muito depois de suas vidas se extinguirem. Os elfos cantam sobre esperança. Problemas e tiranias vêm e vão, mas as estrelas brilham sempre.

A Luz Estelar vem para garantir que tudo acontece por uma razão, mesmo que você não consiga perceber agora. O tempo e a distância trarão o padrão à luz. Por enquanto, respire a beleza deste momento e despeje sua música no ar da noite.

• • • •

Significado à primeira vista: Esperança eterna. Imortalidade. Conexão espiritual com o cosmos. Destino. Conexão cósmica. Mistérios eternos.

Uma análise mais detalhada: As faias e as tílias são calmantes, pacíficas e fortes. A faia é conhecida como a rainha das árvores.

XVIII • A Luz Lunar

Quem se atreve a ir para a floresta quando a lua está cheia? Quem seguiria os caminhos luminosos até o espelho d'água? A floresta é um lugar diferente ao luar. O que é familiar de dia torna-se ilusório em fase de lua cheia. Os sons da noite são enigmáticos, assustadores, e enchem você de um desejo sem nome. Raios lunares descem pelos galhos, prateando a clareira silvestre. As lebres enlouquecem ao luar. Ensandecidas de lunático êxtase, elas dançam, saltam, e de repente ficam imóveis, congeladas, enfeitiçadas. Elas voltam a si quando o amanhecer chega, na maioria das vezes. Dizem que quem dorme ao luar fica louco ou se torna poeta. Byron, o poeta, escreveu: "Nesta hora há uma calma, um perigo pelo/ Silêncio que a alma inteira deixa aberta/ A si própria, sem controle, sem podê-lo/ Chamar de volta a si e estar alerta". Talvez nossas vidas sejam apenas um sonho, e sejamos todos loucos como lebres lunares.

Mesmo o mais pragmático não pode negar a magia da noite. Quando o luar brilhar em sua leitura, tome isso como um sinal para deixar a intuição dominar a lógica por um tempo. Preste atenção aos seus sonhos, que podem ser cheios de presságios. Passe algum tempo do lado de fora, no escuro, sem nenhuma intenção a não ser estar aberto ao mistério.

• • • •

Significado à primeira vista: Sigilo e mistério. O mundo dos sonhos. Intuição. Algo está escondido da vista.

Uma análise mais detalhada: Quantas lebres você vê nesta carta?

XIX • A Luz Solar

O tocador da flauta de pã se depara com o início do amanhecer. Um novo dia desperta! O silêncio da noite é interrompido pelo canto dos pássaros – primeiro uma terna nota, depois outra, e então um coro de júbilo. As flores abrem seus olhos, samambaias úmidas de orvalho desabrocham. A melodia que o sátiro toca é uma homenagem à vida, temporal e eterna. Você consegue ouvi-la? Sua alma se anima em resposta ao chamado? Ah, quanta bondade há no mundo! A beleza, a graça, o amor! Esta é a luz que rompe a ilusão. Esta é a força que inicia, sustenta, capacita. A luz do sol, que dá vida, sempre encontra seu caminho até mesmo nas florestas mais emaranhadas e proibitivas.

Quando a luz do sol abençoar sua leitura, esteja pronto para receber boa sorte. Esta é a carta mais positiva de todo o tarô, pois garante que tudo ficará bem. Desafios serão superados, brilhantes visões acontecerão, feitiços serão bem-sucedidos e bênçãos de todos os tipos estão à sua disposição. Lembre-se de ser grato.

• • • •

Significado à primeira vista: Felicidade. Bem-estar. Crescimento. O calor da vida. As coisas estão melhores do que você imagina.

Uma análise mais detalhada: Tordo e melro cantam o refrão matinal. Prímulas e celidônias simbolizam o sol da primavera.

XX • O Conselho de Animais

A jornada pela floresta pode ter um significado profundo ou ser totalmente sem sentido, dependendo do que você traz para ela. As intenções contam tanto quanto as ações e sucessos tortuosos são muito piores do que erros cometidos na inocência. O Conselho de Animais se reúne em momentos decisivos para avaliar o progresso do viajante e julgar o futuro. Cada animal do conselho tem sua própria sabedoria, visão e perspectiva. Cada um é autenticamente ele mesmo e espera que você também o seja. Jamais pense que você pode enganar o conselho, ou a si próprio. É hora de acertar as contas.

Quando você é chamado perante o Conselho de Animais, é um sinal de que está pronto para enfrentar algumas duras verdades. As epifanias são passíveis de ocorrer e você pode começar a ver um novo propósito para a sua vida. No mínimo, irá se conhecer melhor, com verrugas e tudo (para obter mais ajuda do conselho, consulte a abertura no final do livro).

• • • •

Significado à primeira vista: Julgamento. Avaliação. Autoconsciência. Perdão. Expiação. Iluminação.

Uma análise mais detalhada: Existem doze animais no conselho, e eles mudam a cada décima segunda lua para permitir diferentes pontos de vista. Quando os peixes estão no conselho, as reuniões acontecem no lago sagrado.

XXI • A Vastidão do Mundo

E aqui está você, de volta ao portal. As lições da floresta e todas as suas experiências nela trouxeram você a este lugar. O Cervo Albino está aqui para lembrá-lo de que o encantamento não termina na orla da floresta. Dentro da mata, você só consegue ver um pouco mais à sua frente e, com A Vastidão do Mundo, poderá ver muito mais longe, deparando-se com os doces prados abertos, as colinas enevoadas, as estradas sinuosas, o vasto céu e os castelos de nuvens. Outras florestas o aguardam com visões renovadas, novos desafios, feitiços mais fortes e bênçãos maiores. Como um animal viajante disse uma vez (relatado pelo escritor Kenneth Grahame, em O Vento nos Salgueiros), "Encare a aventura, atenda ao chamado agora, antes que o momento irrevogável passe! Basta apenas uma batida de porta atrás de você e um passo alegre à frente para que abandone a velha vida e siga em frente!

Um ciclo termina e o próximo começa. Esta é uma carta positiva, não um final perturbador como o da carta da Tolice. Esta é uma carta do destino e ela precede o Conselho de Animais, que avaliou o seu progresso e o alinhou com os seus maiores propósitos na vida. Você fez o que precisava fazer, mesmo que ainda não esteja completamente ciente disso. É hora de olhar para novos horizontes.

• • • •

Significado à primeira vista: Conclusão. Totalidade. Ver o quadro geral. Conexão com o mundo.

Uma análise mais detalhada: Há um sagrado pináculo rochoso não muito longe. Vá lá primeiro e ande pelo caminho de círculos concêntricos de pedras. Quando estiver lá, olhe para sua jornada feita na floresta.

Os Contos da Floresta

Os Arcanos Menores

Encare a aventura, atenda ao chamado agora,
antes que o momento irrevogável passe!
Basta apenas uma batida de porta atrás de você,
e um passo alegre à frente, para que abandone
a velha vida e siga em frente!!

—Kenneth Grahame

Ases

Cada ás oferece a você um aliado mágico, um companheiro útil em sua jornada pela Floresta Encantada. Eles são responsáveis por lhe dar ferramentas mágicas para usar em sua missão: um cajado, um espelho d'agua, uma flecha de prata e um anel de drusa. Quando um ás surge em uma leitura, considere isso um sinal positivo. Mais de um ás é ainda melhor, significa que o universo está dando a você uma mão vencedora!

Ás de Feitiços

A aliada encantada do naipe de Feitiços é a serpe. Existem muitos tipos de serpes, incluindo algumas que vivem no mar. Esta é uma serpe da floresta, também conhecida como dragão de fogo. Seu corpo primariamente verde é uma excelente camuflagem e, a menos que você olhe bem de perto, poderá perdê-la completamente empoleirada em uma árvore acima de sua cabeça, só até ela baforar um pouco de fogo, é claro. Mas não se preocupe: os dragões de fogo da Floresta Encantada têm sua natureza ígnea sob controle e podem canalizá-la perfeitamente. Essa aliada o ajudará a fazer o mesmo com a sua. A serpe diz: "Vamos esquentar as coisas!"

O presente da serpe para você é um cajado do mago. O poder do cajado depende inteiramente da pessoa que o maneja. O cajado de um mago sem um mago é apenas um pedaço de pau. Intenção é tudo na magia, e o cajado direciona a vontade do mago para o resultado desejado. Sua serpe acrescentou um pouco de fogo de dragão como energia extra. O resto é com você!

• • • •

Significado à primeira vista: um novo senso de propósito. Um projeto novo ou revitalizado. Magia. Vontade. Destemor. Confiança. Uma explosão de energia. Elemento Fogo.

Uma análise mais detalhada: A melhor maneira de diferenciar uma serpe de um dragão é contando suas pernas. Duas patas, serpe. Quatro patas, dragão.

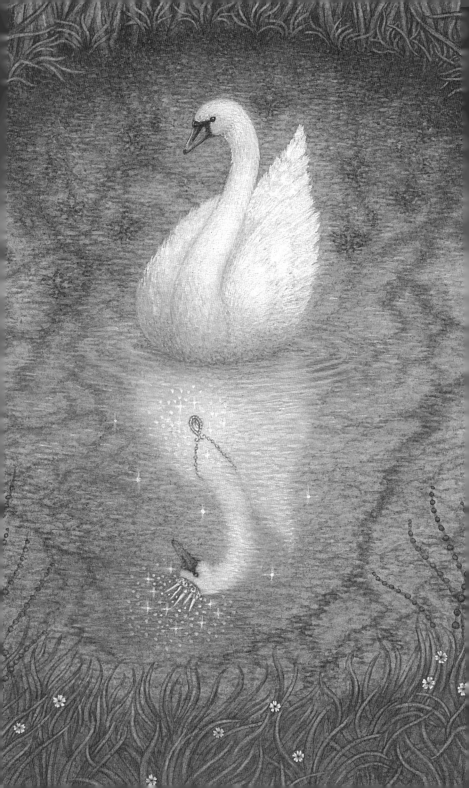

Ás de Visões

O aliado encantado do naipe de Visões é o cisne. Conhecidos por sua graça e beleza, os cisnes também são poderosamente fortes, ferozes e fiéis no amor. Eles se unem em pares por toda a vida e podem manter-se juntos por vinte anos. Os cisnes são criaturas emocionais e expressivas, gritam em triunfo quando derrotam um inimigo e emitem um último lamento ao deixar esta vida. O cisne diz: "Um sonho é um desejo de seu coração".

O presente do cisne para você é um pequeno lago em uma clareira isolada. Quando a água está parada, ela se torna um espelho mágico. Tudo o que você deseja é refletido aqui e o mais importante é que também mostra seu verdadeiro eu. Não há nada a temer aqui, pois seu cisne sabe que seu verdadeiro eu é nobre, puro e belo.

• • • •

Significado à primeira vista: Serenidade. Compaixão.
Espiritualidade. Bondade. Uma nova perspectiva.
Um presente de amor. Elemento Água.

Uma análise mais detalhada: Você consegue
ver as íris refletidas na água? Essas flores
simbolizam a conexão entre o céu e a terra.

Ás de Desafios

O aliado encantado do naipe de Desafios é o corvo branco. Os corvos são pássaros de lendária inteligência, tanto mundana quanto sobrenatural. A especialidade particular do corvo branco é a comunicação estratégica. Ele sabe quando você deve falar e quando deve ficar em silêncio. Seus olhos astutos penetram no cerne da questão. Invoque-o apenas se realmente quiser saber a verdade. Ele é seu espião, seu advogado, seu grito de guerra. O corvo branco diz: "Pense e permaneça vivo".

O presente do corvo para você é uma flecha de prata que nunca erra seu alvo. Parte de seu encantamento está na própria flecha, mas a magia é completada pelo seu foco e pela ética de suas motivações. Se o seu objetivo for genuíno, você não falhará.

• • • •

Significado à primeira vista: Inteligência. Discernimento. Epifania. Foco. Comunicação. Estratégia. Uma vantagem em um desafio ou conflito. Elemento Ar.

Uma análise mais detalhada: Uma flecha de prata pura atirada direto no coração libera todo o mal de um adversário. Isso também pode ser feito no plano etérico.

Ás de Bênçãos

O aliado encantado do naipe de Bênçãos é o sapo. Primeiro de tudo: nunca confunda um sapo com uma rã. Isso ofende a ambos, e você definitivamente não irá querer perder o lado bom do seu sapo, pois ele é um ímã de sorte. Suas especialidades são a cura e a prosperidade, mas ele é útil em qualquer tipo de manifestação de que você possa precisar. É por isso que sapos há muito são associados a bruxas e bruxos. As feiticeiras, em particular, sempre souberam dos benefícios de uma parceria com um sapo quando se trata de feitiços de manifestação. Elas enviam a magia e o anfíbio a traz para casa. O sapo diz: "Mantenha todos os pés no chão".

O presente do sapo para você é um anel de bufonite. Essas gemas podem não ser os amuletos mais atraentes, mas seu poder é lendário. Uma bufonite, ou pedra do sapo, é um antídoto para todos os fins e muda de cor na presença de qualquer veneno. Os anéis dessa pedra também protegem contra maldições e outras travessuras sobrenaturais.

• • • •

Significado à primeira vista: Prosperidade. Cura. Sorte. Aplicações práticas da magia. Elemento Terra.

Uma análise mais detalhada: Se um sapo lhe oferece uma pedra-sapo, é considerado rude perguntar a ele onde a conseguiu. Apenas agradeça-o.

Dois

Você poderia dizer que os dois são realmente as primeiras cartas dos Arcanos Menores porque é aqui que as histórias começam. Cada um dos dois mostra o que você precisa fazer primeiro para se sair bem com aquele traje específico. Seja o que for que você enfrentará em sua jornada pela floresta, ter os dois em sua mochila metafórica será muito útil. O Dois de Feitiços diz: "Esclareça sua intenção". O Dois de Visões diz: "Abra seu coração". O Dois dos Desafios diz: "Conheça a si mesmo". O Dois de Bênçãos diz: "Equilibre suas responsabilidades"

Dois de Feitiços

Este é um lugar de poder onde se busca a sabedoria ancestral da madeira. Depois de prestar homenagem às árvores, o buscador se ajoelha no chão da floresta e pega um conjunto de pequenos bastões de madeira. Eles estão gravados com símbolos que compõem um antigo alfabeto divinatório, cada um correspondendo a uma árvore ou arbusto. Esses bastões, criados ao longo de muitos anos, são pedaços de madeira lentamente recolhidos de diferentes árvores, de modo que cada um contivesse a sabedoria específica de cada tipo de planta. Lançando-os no chão, o buscador analisa os padrões, discerne as mensagens e esclarece as questões. Ele ouve o que as árvores têm a lhe dizer.

A primeira etapa de qualquer feitiço é determinar o que você deseja. Sem uma intenção clara, sua magia falhará. Consultar um oráculo pode fazer parte do processo do início de qualquer empreendimento. Você está fazendo isso agora com estas cartas. Uma interpretação do Dois dos Feitiços pode ser "pergunte novamente". Vá em frente, compre mais uma ou duas cartas.

• • • •

Significado à primeira vista: Adivinhação. Decisão. Definir uma intenção. O início da resolução do problema ou da mudança da situação.

Uma análise mais detalhada: Os bastões nas mãos dele são de teixo (esquerda) e amieiro (direita). O amieiro é usado para profecias e poderes oraculares, e aquele que confeccionou esses bastões diz: "O teixo era historicamente usado para representar o alfabeto ogham. É uma madeira profunda, densa, escura e rica, cheia de ressonância com o outro mundo".

Dois de Visões

Embora as duas mulheres estivessem se sentido compelidas a ir à floresta naquele dia, elas nunca foram capazes de explicar o porquê. Era como se cada uma tivesse perdido algo lá e de repente se lembrasse e corresse de volta para buscar. Separadamente, uma do leste e outra do oeste, elas avançaram como se estivessem atrasadas para um compromisso. Correndo para a clareira no mesmo instante, elas se viram pela primeira vez – e sentiram instantaneamente que era para isso que tinham sido chamadas. Por muitos anos, cada uma havia trilhado um caminho solitário, com um lugar vazio no centro de seu ser. Agora elas se encontram no coração da floresta, com suas mãos se entrelaçando e seus olhos brilhando em reconhecimento da outra metade de sua alma.

Esta carta significa que o amor está próximo. Pode ser um romance, uma amizade verdadeira ou mesmo uma consciência espiritual irrompendo. Algo que estava faltando está para ser encontrado. Você saberá quando aparecer.

• • • •

Significado à primeira vista: Reconhecimento de uma pessoa importante. Um novo romance. Espíritos afins. Amizade verdadeira, irmandade, confraternidade.

Uma análise mais detalhada: As rosas vermelhas e brancas juntas simbolizam um amor puro e duradouro.

Dois de Desafios

Vagando pela floresta, um jovem de repente se depara com um espelho mágico bloqueando seu caminho. O espelho fica suspenso no ar, sem meios visíveis de suporte e sem ter como removê-lo. Aqui, a vegetação rasteira é densa. Ele não pode seguir em frente e não pode voltar, pois não é seu desejo ter de retornar. Então ele escolhe a solução óbvia: olhar-se no espelho. Ele se vê exatamente como é – sem nenhuma visão mística ou entidade sobrenatural, apenas seu próprio eu assustado e de olhos arregalados.

Você pode ter entrado em uma situação na qual não há um movimento óbvio a se fazer. Esta carta significa uma pausa para esclarecimento – não sobre a situação, mas sobre o seu lugar nela. Você não pode ir mais longe no caminho em que está até que dê uma boa olhada em si mesmo. Pare de negar suas próprias falhas e defeitos. Pare de se distrair para evitar enfrentar a verdade. Você progredirá mais quando estiver mais ciente de suas verdadeiras intenções.

• • • •

Significado à primeira vista: Impasse. Incapacidade de se comprometer. Uma pausa para contemplação.

Uma análise mais detalhada: Os espelhos têm uma longa história no mundo dos encantamentos. Embora você possa ocasionalmente ver outros seres no espelho, lembre-se de que também é um poder mágico ver a si mesmo de verdade.

Dois de Bênçãos

O aldeão coletou lenha na floresta e agora está voltando para casa. Os cestos pesados constituem um fardo precário, por isso manter o equilíbrio na ponte estreita exige toda a atenção. Mas a mente dele está em outro lugar, não totalmente presente na tarefa. Seria muito fácil cair da ponte e se espatifar nas rochas abaixo, o que não é uma perspectiva agradável, e isso poderia acontecer mesmo antes de considerar o ogro. Espere, ogro? Um ogro está escondido debaixo da ponte! Ele é um canibal feroz, e rapidamente devoraria o homem se ele caísse.

Esta carta é um aviso para não assumir mais do que você consegue equilibrar e gerenciar. Existe algo chamado "o fardo do preguiçoso", em que uma pessoa empilha a carga para evitar ter que fazer uma segunda viagem. Isso raramente termina bem. Trabalhe com sensatez e dê total atenção ao seu empreendimento ou tudo poderá ser perdido. Existem influências ocultas apenas esperando que você escorregue.

• • • •

Significado à primeira vista: Equilíbrio. Atenção constante. Agilidade. Cuidar de seus atributos.

Uma análise mais detalhada: os ogros tendem a se misturar ao ambiente, então nem sempre são fáceis de detectar. Vigilância é necessária! Se possível, espreite por baixo de todas as pontes antes de cruzá-las.

Três

De modo geral, a energia das cartas ímpares de tarô tende a ser mais ativa ou criativa do que as cartas pares. Os três movem as energias que você encontrou nos dois na direção escolhida – tanto para o bem quanto para o mal. O Três de Feitiços diz: "Ative sua magia". O Três de Visões diz: "Encontre espíritos afins". O Três dos Desafios diz: "Não traia sua consciência." O Três de Bênçãos diz: "Combine seus recursos".

Três de Feitiços

Cascas de nozes cheias de cera de abelha e magia são iluminadas e lançadas sobre um riacho na floresta. O fogo dá energia à intenção mágica e, ao liberá-la para a água corrente, o feitiço entra em ação. As chamas queimarão até que toda a cera seja consumida, e então os pequenos barcos queimarão ou afundarão. Seu destino final não importa – simbolicamente, seria o mar ou o outro mundo ou onde quer que os desejos vão quando são libertados. Os fogos fátuos surgem para acompanhar os barcos, atraídos como sempre pelo poder da magia do fogo.

Esta carta o convida a se tornar o mago encapuzado lançando um novo feitiço. Siga o movimento dos barcos na água escura e visualize seu próprio projeto juntando energia. Tudo o que você lançar agora tem uma excelente chance de sucesso.

• • • •

Significado à primeira vista: O início de uma nova empresa. Colocar sua energia criativa no mundo e observar para ver o que acontece.

Uma análise mais detalhada: a tradição diz que se alguém lhe dá um saco de nozes, seu desejo mais recente se tornará realidade.

Três de Visões

Mesmo na floresta encantada, esta é uma visão notável. O que parece à primeira vista um grupo de ursos agressivos revela-se exatamente o oposto. Enfeitados com guirlandas de amora silvestre, três ursos encantadores estão dançando em celebração. O que eles estão comemorando? É um lindo dia na floresta e eles são ursos! O que poderia ser melhor que isso? Eles dançam com seus pés de urso em um tapete de violas que liberam sua doçura no ar, aumentando a alegria do dia.

Você não precisa ser um urso para saber que reservar um tempo para a amizade é tão importante quanto qualquer outro aspecto da vida. Se você tem negligenciado suas conexões com amigos, agora é a hora de torná-los uma prioridade. Reúna-se com aqueles que o conhecem bem e com quem você pode ser você mesmo. Não é preciso haver uma ocasião especial. O tempo que você passa em boa companhia é uma celebração em si.

• • • •

Significado à primeira vista: Amizade. Passatempo com boa companhia. Brincadeira. Risos. As delícias do companheirismo.

Uma análise mais detalhada: as violas são um símbolo de gentileza na linguagem das flores. As violas dizem: "Gostaria de ser meu amigo?"

Três de desafios

É fácil se perder na floresta. Também é fácil se livrar de algo ali. Um homem desesperadamente pobre trouxe sua filha e seu filho para bem longe na floresta, com a intenção de deixá-los à própria sorte. Em casa, apenas uma fome lenta os espera. Talvez entre as feras seu fim seja mais rápido. Este é um momento terrível em que um pai abandona seus filhos. As crianças ficam confusas, mas confiam nele e irão esperar aqui por seu retorno.

Você provavelmente já ouviu uma história como esta antes. Infelizmente, muitas crianças foram abandonadas na floresta encantada. Nas histórias, elas frequentemente se dão muito bem, mas a traição brutal não é facilmente superada. Esta carta significa um endurecimento das emoções e decisões fatídicas tomadas em um momento de fraqueza e medo. É um aviso para se proteger e também para evitar ferir outras pessoas. Existem muitos tipos de traição e muitas maneiras de despedaçar seu próprio coração.

• • • •

Significado à primeira vista: Traição. Uma decisão cruel. Um abuso de confiança. Uma ação drástica estúpida e desnecessária. Todos os envolvidos estão feridos.

Uma análise mais detalhada: amoreiras mágicas crescem rapidamente ao longo do caminho, surgindo das lágrimas angustiadas do pai em fuga.

Três de Bênçãos

Em uma aconchegante cabana na floresta, três amigos estão trabalhando juntos para preparar uma poção. O goblin da terra separa os cogumelos que a mulher colheu, pois ela mora perto do solo e tem um olho atento para a utilidade de cada coisa em seu ciclo de crescimento. A velha bruxa prepara e engarrafa a poção. Ela polvilha uma boa pitada de encantamento, adicionando força à panela enquanto ela mexe. O corvo escreve as instruções do feitiço e as afixa em garrafas que serão seladas com cera de abelha. Sua experiência vem da poesia e do instinto.

Esses amigos estão aqui para lembrá-lo de que mesmo a menor tarefa – separar cogumelos, por exemplo – pode contribuir para um propósito maior, especialmente se for feito com um coração feliz e disposto. Ofereça suas habilidades para projetos que as estimulem e não tenha vergonha de pedir a outras pessoas que colaborem em seus próprios projetos também. Muitas mãos tornam o trabalho leve e também muito mais divertido.

• • • •

Significado à primeira vista: Cooperação.
Partes separadas somando-se a um algo maior.
Tempos frutíferos em companhia feliz.

Uma análise mais detalhada: Os ingredientes da poção incluem fungo, amanita muscaria, Boletus, chanterelle, alecrim, mandrágora, hortelã, agulhas de pinheiro e riso.

Quatros

Os dois e três levam você adiante ao longo de sua jornada na floresta. Os quatros impedem seu progresso — e isso nem sempre é ruim! A ação criativa e a resolução de conflitos se beneficiam de uma pausa. Uma interrupção na alegria ou na generosidade, por outro lado, pode bloquear seu progresso. O Quatro de Feitiços diz: "Reserve um tempo para comemorar". O Quatro de Visões diz: "Não seja estagnado. O Quatro de Desafios diz: "Descanse e acalme seu espírito". O Quatro de Bênçãos diz: "A ganância interrompe o fluxo da abundância".

Quatro de Feitiços

O grupo de sprites das flores faz seu caminho no crepúsculo até o topo do monte feérico para se juntar aos que já estão lá. É sua reunião anual, quando cada clã de flores da floresta é representado e homenageado. Alguns outros seres da floresta (principalmente os trolls) desprezam essas festividades que, aos seus olhos, não têm nenhum propósito prático. Mas o ritual é importante, assim como lembrar de se reconectar com o que é mais precioso. Reunir-se com amigos e família – deixando de lado qualquer briga ou desentendimento – beneficia a todos. Fritilárias e ranúnculos podem retomar sua discussão amanhã. Esta noite é só para dançar.

Esta carta diz que é hora de festejar! Seja em reconhecimento a um marco, como um aniversário ou outro rito de passagem, uma conquista que merece ser homenageada, ou apenas por ter passado por alguns momentos difíceis, crie uma celebração que expressa o prazer que você tem de viver. Dar alguma estrutura à sua alegria torna-a mais significativa e memorável como sua flor favorita, por exemplo!

• • • •

Significado à primeira vista: um momento de celebração. Ritual. Um rito de passagem. Reconhecimento da família e da comunidade. Uma reunião.

Uma análise mais detalhada: O monte feérico é um local de eventos popular para todos os pequeninos da floresta. É recomendável fazer reserva.

Quatro de Visões

Um jovem se senta no aterro acima de um lago na floresta. Sua atitude é taciturna, insatisfeita, desinteressada pela vida. Ele se arrastou para a floresta porque está entediado com sua rotina do dia-a-dia, mas, mesmo neste lugar mágico, ele ainda está ocioso. Ele poderia estar em qualquer lugar – em uma rua da cidade ou em um deserto árido e não consegue ver além de sua própria escuridão. Existem maravilhas à mão, mas seu cinismo e negatividade o cegam para elas. Mesmo o brilho cintilante de um guarda-rios não o tira de seu mau humor. Ele não tem ideia do que quer.

Você se esqueceu de onde deixou sua bem-aventurança? Talvez você esteja esperando por uma vitória emocional na loteria ou por uma epifania impressionante para despertar seu entusiasmo. A verdade é que a felicidade duradoura é feita de pequenos momentos. É apenas uma questão de abrir os olhos para as maravilhas ao seu redor.

• • • •

Significado à primeira vista: insatisfação. Cinismo. Tédio. A resposta de um ingrato à vida.

Uma análise mais detalhada: este jovem está ignorando os raros habitantes da floresta, como o guarda-rios, o ciclâmen, a erva-Paris (também conhecida como verdadeiro nó dos amantes), a Epipactis e a borboleta-limão em seu joelho.

Quatro de Desafios

A proibitiva floresta de inverno oferece pouco em termos de conforto ou alívio. Espinhos, pingentes de gelo e galhos afiados e congelados atormentam o viajante cansado. Os pontos de referência são poucos e pegadas são rapidamente obscurecidas por rajadas. Pode parecer que você nunca irá escapar desta floresta assustadora e então você se depara com um milagre: no meio da escuridão, brilha uma sorveira de folhas verdes com frutos silvestres. De todas as árvores da floresta encantada, a sorveira oferece a mais poderosa proteção contra ataques mágicos e terrestres. A terra ao redor da árvore também é verde, proporcionando um lugar abençoado de santuário e repouso.

Esta carta mostra que existe uma oportunidade para você encontrar um pouco de paz, mesmo que ainda tenha desafios pela frente (sair da floresta de inverno, por exemplo). Determine qual seria a aparência e a sensação do santuário, e então insista em tirar proveito dele. Quando você está no meio de um conflito, dar um tempo pode muitas vezes levar a uma maior clareza e a uma solução para o conflito. Não há nada a se ganhar focando no problema agora.

• • • •

Significado à primeira vista: Reunir seus recursos internos e reabastecer sua força espiritual. Trégua. Santuário em tempos difíceis. Uma paz temporária

Uma análise mais detalhada: Os andarilhos amarraram pedaços de pano à árvore como oferendas de agradecimento pelo abrigo fornecido ao corpo e à alma.

Quatro de Bênçãos

Trolls gostam muito de dinheiro, embora tenham poucas oportunidades de realmente gastá-lo. Sua natureza avarenta os leva a tentar muitos esquemas para aumentar sua riqueza. Essas esposas trolls montaram uma barraca de tortas ao longo do caminho da floresta, oferecendo tentações saborosas aos viajantes famintos. Mas, por mais que cobicem o brilho da prata, elas não conseguem desistir de suas tortas e repreendem todos os seus clientes sentando-se taciturnas entre muito mais tortas do que poderiam comer.

Quando você encontra as esposas dos trolls, significa que alguém está se sentindo excessivamente apegado aos bens materiais. O medo da escassez distorce a realidade de modo que, por mais que você tenha, nunca parece o suficiente. Isso pode levar à acumulação – literal ou emocionalmente. Desista da ganância para encontrar paz de espírito. Deixe outra pessoa comer uma torta. Há muito para todos.

• • • •

Significado à primeira vista: Ganância. Consciência da pobreza. Acumulação. Terrível apego aos bens materiais.

Uma análise mais detalhada: As tortas de hoje são de amora, porco-espinho simulado e Beterraba forrageira.

Cincos

Após a pausa dos quatros, os cincos colocam as coisas em movimento novamente. Nos contos da floresta, os cincos são o ponto em que a trama se complica. Sua resposta determinará o que acontecerá a seguir. O Cinco de Feitiços diz: "Você deve aumentar suas habilidades". O Cinco de Visões diz: "Você deve enfrentar a decepção". O Cinco dos Desafios diz: "Você deve escolher suas batalhas". O Cinco de Bênçãos diz: "Você deve pedir ajuda".

Cinco de Feitiços

Alunos da escola de bruxaria da floresta saíram para trabalhar em seus feitiços de transformação, e segue-se uma "sapecagem" hilariante. Embora para nós, como espectadores, a cena seja engraçada, esses meninos-sapos levam muito a sério sua batalha simulada. Eles estão aprendendo seu ofício, exercitando seus poderes e refinando suas habilidades por meio da competição entre companheiros. Cada um quer ser o melhor e isso estimula os outros a uma glória maior. Esses jovens bruxos sabem o que estão fazendo, com relação ao feitiço em si, mas a magia ainda é um esforço nesse estágio. Com a prática, eles logo passarão para uma feitiçaria mais desafiadora.

Aqueles que fazem magia sabem que podem alcançar novos níveis de realização com um pouco de competição saudável. O truque é mantê-la leve e amigável e não se envolver em brigas, pois isso pode ser especialmente perigoso quando há magia envolvida. Encontre maneiras de se envolver com seus companheiros bruxos por meio de brincadeiras e incentivo.

• • • •

Significado à primeira vista: Competição amigável. Buscar pela excelência. Rivalidade saudável. Aprender com os erros.

Uma análise mais detalhada: Os professores feiticeiros fazem os alunos descobrirem seus erros mágicos por conta própria, o que significa que alguns jovens metade sapos podem ter problemas para segurar os garfos durante o jantar.

Cinco de Visões

Devido ao seu descuido, uma princesa persegue sua preciosa bola dourada por um caminho na floresta, observando impotente enquanto ela cai e espirra água em um lago profundo. Perto dali, um sapo sorridente também observa. Ele sabe que a história está prestes a mudar, pois ele é o Príncipe Sapo, e a bola ao chão é seu ingresso para a felicidade. E dela também, embora ela ainda não saiba. Tudo o que ela sente é decepção com a perda de seu brinquedo. Assim que ela se agachar em desespero em uma rocha úmida, o herói da história dará um salto mortal em direção ao futuro.

Seja qual for o seu equivalente à bola de ouro, não se preocupe muito se a perdeu de vista. As histórias realmente boas ficam mais sombrias antes do final feliz. Uma perda temporária ou um infortúnio podem levar a ganhos muito maiores a longo prazo. Sua história ainda não acabou.

• • • •

Significado à primeira vista: Uma decepção temporária. Uma pausa na felicidade. Opções positivas permanecem.

Uma análise mais detalhada: Às vezes, os sapos são a realeza enfeitiçados, mas você precisa acreditar na palavra deles. Todos os sapos na floresta encantada podem falar, então não se deixe enganar.

Cinco de Desafios

Quando você se depara com um gigante, é seguro presumir que ele não está interessado em nada que você tenha a dizer, então economize seu fôlego – para correr. Existem gigantes amigáveis, mas são raros nesta população em geral, assim como aqueles com senso de humor. Este gigante não é cômico, nem estereotipadamente estúpido. Ele é perigoso não porque é mau, mas porque é GRANDE. Ele também tem um temperamento explosivo e está lhe dando uma chance de sair de seu território antes de ter de lidar com você.

O gigante significa uma situação em sua vida em que você pode estar superestimando suas chances contra um oponente. Às vezes, ser mais rápido em uma discussão simplesmente não funciona porque o outro não irá ou não conseguirá acompanhar o raciocínio. Não compare lentidão com estupidez – e não compare estupidez com inofensividade. Fique alerta até saber com quem e com o que está lidando.

• • • •

Significado à primeira vista: Probabilidades esmagadoras. Uma luta que você não pode vencer. Escolha suas batalhas e viva para lutar outro dia.

Uma análise mais detalhada: Está vendo os ossos em sua barba? Não adicione os seus à coleção dele!

Cinco de Bênçãos

Dois irmãos órfãos saíram de sua casa triste e desolada em busca de fortuna e agora estão perdidos na floresta de inverno. Está escurecendo. Eles se amontoam na neve, enrolados na velha capa de seu pai e têm apenas um pedaço de pão sobrando. Os rapazes estão sofrendo há tanto tempo que não acreditam mais que alguém os ajudará. Eles estão infelizes e sem esperança e resignados com seu destino. Mas olhe! Logo atrás deles, morangos encantados se erguem na neve e uma longa trilha deles leva a uma cabana aconchegante com luz quente fluindo pela porta aberta.

Você pode pensar: "Quem poderia perder algo tão óbvio como morangos na neve?" Mas estar abatido e destituído torna difícil reconhecer o conforto quando ele é oferecido. Quem sabe quantos milagres são passados despercebidos? Você pode estar perdendo um agora. Pare de sentir pena de si mesmo e olhe em volta.

• • • •

Significado à primeira vista: Pobreza. Necessidade. Sentir-se excluído do conforto. Miséria. Autopiedade.

Uma análise mais detalhada: Encontrar morangos na neve é uma tarefa frequentemente dada por madrastas malvadas de contos de fadas, pois a fruta mágica só pode ser encontrada por aqueles que são generosos e gentis.

Seis

Os cincos abalaram as coisas e agora os seis as acalmam. Cada seis fala de sucesso, paz ou, pelo menos, trégua. Como sempre, o naipe determina se a forma é mágica, emocional, estratégica ou tangível. O Seis de Feitiços diz: "Parabéns!". O Seis de Visões diz: "Siga sua bem-aventurança de volta ao seu início." O Seis dos Desafios diz: "Recue e reagrupe-se". O Seis de Bênçãos diz: "O cuidado zeloso está próximo".

Seis de Feitiços

Aqui está a chegada de um novo ser na floresta! Não é fácil chocar uma serpe, mas este mago intrépido encontrou um ovo em um ninho abandonado e o trouxe para casa para tentar. Doses generosas de preocupação, magia e amor resultaram em uma incubação bem-sucedida. Outros bruxos e bruxas se reuniram para dar as boas-vindas ao pequeno e parabenizar seu amigo pelo trabalho bem feito. O prazer e o orgulho do novo pai adotivo por suas realizações ficam ainda mais doces com os elogios de seus colegas.

Quando as pessoas estão seguras em suas próprias realizações, não há ciúme ou mal-estar quando outra pessoa tem um sucesso brilhante – literalmente brilhante, neste caso. Como o pai adotivo sabe disso, ele pode aceitar parabéns com gratidão, sem a necessidade de falsa modéstia ou autodepreciação. Embora você nunca poderá chocar uma serpe, tenha orgulho de seus triunfos e beba em louvor.

• • • •

Significado à primeira vista: Sucesso. Orgulho justificável de realizações. Validação por terceiros. Um ambiente de apoio onde seus talentos podem brilhar.

Uma análise mais detalhada: O filhote absorve a adoração e emite um pequeno sopro de felicidade.

Seis de Visões

Na tarde dourada, uma criança chega ao seu esconderijo secreto junto ao rio, trazendo o seu livro e a sua imaginação. Ela está absorta, encantada, felizmente perdida em suas histórias tão amadas. Ela nem mesmo nota as criaturas da floresta e os seres mágicos ao seu redor, embora não fosse surpresa para ela ver que eles são reais, pois ela acredita neles fervorosamente. Esses momentos são a base de suas noções de felicidade. Contanto que consiga encontrar seu caminho para a floresta – ou que se perca em um livro – ela sempre será a criança com olhos maravilhados e sonhadores.

Quando crescemos, espera-se que deixemos de lado as coisas infantis e nos acomodemos para levar a vida a sério. Mas nunca estamos velhos para viver uma vida encantada. Esta carta é um lembrete de que a criança que você era ainda faz parte de você. O que era mágico antes ainda é mágico hoje, tudo o que você precisa fazer é abrir sua mente para isso. Seus velhos amigos dos livros e de sua imaginação estão por perto, esperando por você para fazer um piquenique à beira do rio.

• • • •

Significado à primeira vista: Memórias da infância. Nostalgia. Do jeito que você era antes que o cinismo ou a amargura o tocassem.

Uma análise mais detalhada: Consegue ver a libélula?

Seis de desafios

Uau! Essa foi por pouco! Ela quase foi pega. Os anões geralmente não sobem em árvores se puderem evitar, mas esta anã escalou o freixo com a agilidade de um esquilo quando os lobos começaram a persegui-la. Não há necessidade de ela planejar o que fazer a seguir – já que ela não pode lutar contra uma matilha de lobos, ela precisa apenas esperar que eles desistam. Assim que eles perderem o interesse, ela poderá correr para casa para um jantar bem-merecido.

Quando você é perseguido por lobos raivosos, o caminho mais sábio é sair do alcance deles o mais rápido possível. Esta carta sugere que você considere esse retiro estratégico – talvez um retiro real, longe de casa ou do trabalho por um tempo. Dê a si mesmo uma trégua. Descanse, recupere-se e planeje sua próxima etapa.

• • • •

Significado à primeira vista: Recuo. Libertação de uma situação perigosa. Esperar o perigo passar. Uma chance de se reagrupar.

Uma análise mais detalhada: os lobos do mundo mundano não são ameaçadores, mas são lobos de contos de fadas do velho mundo, notoriamente grandes e maus, irão devorá-lo.

Seis de Bênçãos

Algo fez com que essa mulher fugisse de casa – algo amedrontador o suficiente para fazê-la fugir descalça para a floresta gelada. Em meio a seu pânico, ela se perdeu e uma leve neve está apagando qualquer vestígio de suas pegadas torturantes. Não há como voltar – mesmo se ela quisesse – pois não há nenhum caminho que ela possa ver. A noite está chegando. Sem saber se ela irá acordar novamente (e não se importando muito com isso), ela se enrola na terra fria e se entrega à exaustão e ao desespero. Um leve bater de patas na neve penetra em seus sonhos, e um calor suave a envolve. Vendo sua extrema necessidade, uma colônia de coelhos a envolve com amor. Ainda haverá provações a serem superadas quando ela acordar, mas ela conseguirá passar a noite.

A bondade pode ser encontrada mesmo nas situações mais desoladoras. O mundo está cheio de criaturas peludas e gentis com olhos grandes que querem ajudar e confortar você. Esteja pronto para receber assistência inesperada e cuidado abnegado. Sua situação está prestes a ficar mais suave.

• • • •

Significado à primeira vista: Ajuda graciosamente oferecida e aceita com gratidão. Generosidade. Benevolência. Cáritas.

Uma análise mais detalhada: Os coelhos têm uma reputação de timidez, mas a superam quando necessário.

Sétes

Agora que você já descansou dos seis, os setes apresentam alguns problemas para resolver. Cada sete detém uma situação difícil e a escolha de agir ou não (ainda). O Sete de Feitiços diz: "Fique firme." O Sete de Visões diz: "Destile seus desejos." O Sete dos Desafios diz: "Há um perigo iminente". O Sete de Bênçãos diz: "Suas opções estão aumentando".

Sete de Feitiços

Nosso amigo, o jovem filhote de serpe, está crescendo rápido. Não é mais um filhote. Já pode sair à noite sozinho, e hoje foi encurralado por uma multidão de gnomos empunhando tochas. Os gnomos são elementais da terra, o que significa que eles podem ficar um pouco travados em seus maneirismos e em suas atitudes. Coisas não familiares ou que sejam diferentes parecem ameaçadoras para eles. Os gnomos querem perturbar a criatura e amedrontá-la para que deixe "sua" floresta. Esta serpe está em uma posição de vantagem sobre os gnomos, mas não há como fugir facilmente. Ela também não está cuspindo fogo no momento, mas poderia se quisesse. A situação não augura nada de bom.

Os gnomos representam forças inferiores que podem ser reunidas contra você. Não se rebaixe ao nível deles e não retorne o fogo. Há uma boa chance de que suas ideias sejam mal interpretadas. Espere que os ânimos esfriem, então encontre um terreno comum e trabalhe pela paz.

• • • •

Significado à primeira vista: Manter-se sob ataque. Problemas triviais se somam. Mal-entendidos. Defensividade.

Uma análise mais detalhada: Como você pode ver, não há muita diversidade entre os gnomos, e essa é uma das razões pelas quais eles suspeitam de não-gnomos.

Sete de Visões

Ao descer alegremente as escadas de pedra desgastadas e brilhantes de orvalho, você se aproxima da fonte de pedra na base da gruta. Suas provações na floresta o fizeram duvidar de seu curso, e você busca orientação no antigo receptáculo de observação. No início, você consegue ver apenas seu reflexo na superfície escura. Mas, à medida que respira sobre a água, imagens começam a aparecer, com fragmentos de visões girando e mudando.

O receptáculo de observação está lhe dizendo que muitos futuros são possíveis, mas nada foi decidido ainda. Esta carta também é uma advertência contra a fuga para a ilusão. Sua falta de direcionamento pode ser o resultado de preferir a fantasia à realidade. Se buscar orientação divinatória apenas o deixa mais confuso, pare de requerê-la. Mexer no oráculo apenas turvará as águas. Se você fizer muitas perguntas, obterá muitas respostas.

• • • •

Significado à primeira vista: Confusão. Uma charada sem resposta. Espere por clareza. Não aja ainda.

Uma análise mais detalhada: Todas as visões no receptáculo de observação são coisas que você viu na floresta. Você consegue encontrá-las em outras cartas?

Sete de Desafios

Os viajantes, tendo jantado e acendido o fogo, estão confortavelmente acomodados em seu vardo para passar a noite. Eles entraram na vasta floresta para que não tivessem de encarar intrusos. Será bom ter uma noite de sono tranquila. O cenário é exatamente o que este esconderijo de raposas mais ama – o prazer de roubar intensificado pelo prazer de enganar inocentes incautos. Elas caminham levemente pela clareira, astutamente confiantes em suas habilidades furtivas. Essas são as raposas da floresta encantada e as coisas que roubam não são o que as raposas normais pegariam, como comida ou animais de fazenda. Você nunca sabe o que uma delas irá querer, se elas irão realmente fazer uso das coisas ou não.

Quando esses bandidos vulpinos aparecem em uma leitura, algo está acontecendo pelas suas costas. Alguém está tentando se safar de algo trapaceando ou roubando. Pode ser que, em uma arena onde você sente que está seguro, você tenha relaxado sua vigilância. Ou talvez você seja aquele cujas ações não passam por um exame minucioso. Você violou seus próprios valores éticos?

• • • •

Significado à primeira vista: Dissimulação. Segredos. Estratégia. Usar sua inteligência para conseguir o que deseja. Um lapso de ética.

Uma análise mais detalhada: A raposa com a xícara de chá procura esse padrão de porcelana desde que roubou seu pires correspondente.

Sete de Bênçãos

Na floresta encantada, sempre há uma porta quando você precisa.... A floresta decide quando sua necessidade é grande o suficiente para justificar um portal e, às vezes, dá a você mais de um. O próximo estágio de sua jornada é determinado pela porta que você escolher, então não tenha pressa. Não corra pela primeira porta que aparecer diante de você. Lembre-se, este é um lugar mágico e as coisas nem sempre são o que parecem. Sente-se e observe a cena por um tempo para julgar sua permanência. Você não quer passar por uma porta para o nada.

Esta carta é uma questão de paciência tanto quanto de escolha. Como você deve ter notado, o naipe de Bênçãos não combina muito com velocidade ou impetuosidade. Trata-se de respostas práticas para problemas práticos, mesmo no reino do encantamento. Se você não sabe o que fazer ainda, não faça nada. Simples assim. Lembre-se de que, depois de escolher uma porta, todas as outras portas desaparecem.

• • • •

Significado à primeira vista: Paciência. Oportunidade. Esperar direcionamentos óbvios. Reconhecer a melhor opção.

Uma análise mais detalhada: Cada porta tem um símbolo diferente colocado ali por magia. Qual delas o está chamando?

Oitos

Os oitos representam limitações, interferências, uma tarefa custosa ou uma lição de vida difícil. Frequentemente, a carta não mostra um problema real, em vez disso, expõe maneiras pelas quais você pode reagir à situação. Cada um dos oitos mostra uma resposta aos obstáculos. O Oito de Feitiços diz: "Aja rapidamente". O Oito de Visões diz: "Desperte da ilusão". O Oito de Desafios diz: "Pense, não lute". O Oito de Bênçãos diz: "Persevere para atingir mestria."

Oito de Feitiços

O parlamento de corujas está chegando! Voando pela floresta com certeza de seu propósito, elas carregam mensagens de presságio mágico. Algumas viajam a pedido do próprio Feiticeiro, mas qualquer um pode pedir a uma coruja para levar uma mensagem: ela quem irá decidir se quer fazer isso ou não. Se recebeu uma coruja antes e não deu atenção à mensagem, você pode ser deixado por conta própria a partir de então. As corujas não carregam missivas triviais – os corvos ficam felizes em fazer isso – então, quando você vir uma coruja vindo em sua direção, endireite-se e prepare-se para recebê-la com respeito.

O aparecimento de corujas em uma leitura significa que as notícias estão a caminho. Também significa que a energia está aumentando para qualquer empreendimento ao qual você aplique toda a sua vontade e intenção. As coisas estão se acelerando e caminhando em direção a uma conclusão ou recompensa positiva. Observe os céus!

• • • •

Significado à primeira vista: Notícias e mensagens recebidas. Rapidez. Visar um objetivo.

Uma análise mais detalhada: Este parlamento tem duas corujas-do-mato, um mocho-galego, uma coruja-do-nabal e duas corujas-das-torres. O nome científico da coruja-do-nabal é Asio flammeus, que também é como você invoca uma coruja.

Oito de Visões

Abaixo dos salgueiros-chorões corre um fluxo lento e vaporoso. Aqui, criaturas fantasmagóricas de mulheres que morreram por amor derivam em uma dança hipnótica. Cada uma está em seu próprio mundo de tristeza e autocomiseração. Elas podem não estar cientes uma da outra ou, se estiverem, não se importam. Elas estão, no entanto, cientes de você. Elas puxam sua manga e imploram com seus olhos lacrimejantes que se junte a elas em sua tristeza. Esses espíritos infelizes não têm mais vontade própria, mas você tem. Você pode escapar de seu destino perdido e vazio, embora talvez não por conta própria.

Esta carta fala de depressão e desencanto com a vida. O luto expressivo é muito mais saudável do que se retirar silenciosamente para um mundo que também nega toda alegria. Pode ser difícil começar de novo quando você está tão deprimido. Não se cerque de companheiros pessimistas. Busque orientação sábia daqueles que encontraram seu caminho para sair da escuridão.

• • • •

Significado à primeira vista: Retirada da vida. Solidão estendida. Os perigos da depressão. Ser inundado pela dor.

Uma análise mais detalhada: Se você se perder em uma névoa esverdeada girando perto do solo, corra com toda a velocidade possível. Essa névoa nunca se levanta e tem um efeito narcótico.

Oito de Desafios

Uma mulher é cercada por espinhos cruéis que de repente crescem e a engolfam. Ela tem arranhões e há sangue em suas roupas, mas ainda não está gravemente ferida. Os arranhões e lágrimas em suas roupas são de sua luta frenética inicial para se livrar da armadilha. Ela não sabe para que lado se virar, todas as direções óbvias são perigosas, mas sabe que não pode ficar lá e ser destruída pelos espinhos mágicos. Sem capacidade de pensar sobre as coisas, ela cai em negação, recusando-se a olhar para a situação ou encontrar uma solução para sua armadilha.

Esta carta significa uma situação que não deve ser suportada, mas você pode achar difícil imaginar algo melhor. Entrar em pânico e se debater só vai causar mais danos. Use sua cabeça para analisar o desafio e superá-lo. Há uma saída. É hora de abrir os olhos, abandonar a negação e banir a ideia de que você é uma vítima indefesa.

• • • •

Significado à primeira vista: Sentir-se preso. Negação. Passividade. Vitimização. Falta de direção.

Uma análise mais detalhada: Os espinhos mágicos aparecem em várias outras cartas de Desafios, alguns em lugares inesperados. Veja quantos você pode encontrar.

Oito de Bênçãos

A tarefa de transformar urtigas em ouro foi magicamente assustadora no início, com todas as picadas e emaranhados trabalhando para fazer algo precioso de uma coisa tão comum. Pacientemente, movendo-se na velocidade do aprendizado, ela enrolou os fusos, passando as fibras por seus dedos sensíveis enquanto os girava. Com o tempo, ela pôde ver o progresso de sua habilidade – um fuso retorcido e difuso no qual um brilho de ouro era visto vagamente. Ela está concentrada em sua tarefa e sua confiança aumenta a cada fuso cheio.

Leva tempo para se tornar um adepto, e as habilidades mágicas não são mais fáceis de dominar do que as tarefas mundanas. A prática leva à melhora, mas a dedicação leva à excelência. Qualquer que seja o seu trabalho no mundo, faça-o dando o melhor de si – e mais um pouco. Ultrapasse sua zona de conforto. Mas não perca de vista o momento de se esforçar para um resultado. O próprio processo de aprendizagem traz seus próprios prazeres.

• • • •

Significado à primeira vista: Dominar um ofício.
Trabalho meticuloso. Excelência crescente. Atividades apaixonadas são sua própria recompensa.

Uma análise mais detalhada: O pequeno pássaro é uma estrelinha-de-poupa. Ele está muito feliz em ter fios de ouro para tecer em seu ninho.

Noves

Embora os dez sejam tecnicamente as cartas finais nos Arcanos Menores, os noves são realmente onde as coisas se encerram. Os noves são as cartas culminantes de cada naipe: os mais poderosos, os mais desejosos, os mais temerosos, os mais contentes. O Nove de Feitiços diz: "Minha magia não pode ser derrotada." O Nove de Visões diz: "Meu desejo se tornará realidade". O Nove de Desafios diz: "Há terrores por toda parte!" O Nove de Bênçãos diz: "Tenho tudo de que preciso".

Nove de Feitiços

Bruxas não têm medo da floresta noturna. Isso não significa que não haja nada de assustador lá! Feras selvagens e criaturas terrestres e sobrenaturais vagam pela mata à noite. No entanto, esta bruxa veio ao seu local sagrado para realizar um feitiço na escuridão da lua. Olhos brilhantes e formas vagas se movem nas sombras. Talvez sejam inofensivos, talvez não. Eles podem até ser outras bruxas com a intenção de ameaçá-la – não seria a primeira vez. Ela desenha um círculo de luz protetor ao seu redor, o que mantém todos os perigos sob controle. Dentro deste círculo de proteção, ela pode convocar todos os seus poderes para assumir o comando da situação.

Esta carta significa que você tem tudo de que precisa para realizar sua intenção. Você tem as habilidades, a experiência, a maturidade e, o mais importante de tudo, a vontade de fazer acontecer. Ninguém pode impedir o seu sucesso agora. Marque seu território. É hora de trazer à tona todo o seu potencial de poder.

• • • •

Significado à primeira vista: Domínio dos dons interiores. Poder maduro. Defesa contra o escuro.

Uma análise mais detalhada: A bruxa não precisa de uma varinha ou qualquer outra ferramenta para lançar seu círculo. A magia está dentro dela.

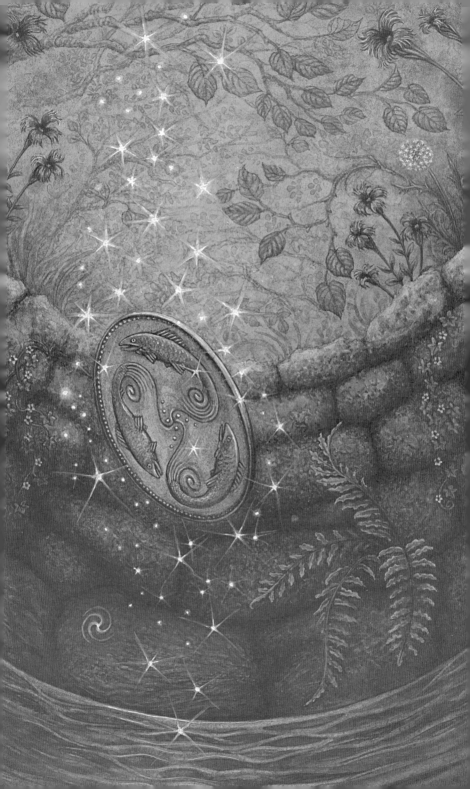

Nove de Visões

Numa clareira coberta de mato estão as ruínas de uma cabana de pedra abandonada sabe-se lá quanto tempo atrás – talvez cem anos? Quinhentos? Ninguém veio aqui todo esse tempo para perturbar sua paz. As ruínas abrigam um poço antigo, coberto de musgo e rodeado de gencianas. Você pode sentir a água fresca abaixo, alimentada por uma fonte muito mais antiga que o poço. Pegue uma moeda do bolso e coloque-a no coração com um desejo fervoroso. Espere que a água pare, veja se consegue identificar o guardião em suas profundezas. Quando estiver pronto, e assim que acreditar, faça seu desejo.

Esta é a carta do desejo e significa que aquilo que você almeja se tornará realidade. Como costuma ocorrer na Floresta Encantada, há um problema: o desejo deve ser verdadeiro. Você deve querer, visualizar e acreditar que é seu. Desejos frívolos podem trazer resultados indesejados, e desejos indiferentes são ignorados pelo poço mágico. Tome seu tempo e decida o que quer. Não desperdice seu desejo.

• • • •

Significado à primeira vista: Circunstâncias alinhadas a seu favor. Fé em um resultado positivo. Cumprimento do desejo. Boa sorte.

Uma análise mais detalhada: Há outra maneira de fazer um desejo aqui. Você consegue descobrir qual?

Nove de Desafios

Perdido na floresta, um menino se enfia o mais fundo que pode entre as raízes de algumas árvores e reza para estar seguro até de manhã. Tudo o que ele vê e ouve é assustador, pois não consegue discernir o que é uma ameaça real e o que é simplesmente desconhecido. Os olhos brilhantes, os pés rastejantes, os gritos minúsculos – oh, ele não deveria ter vindo para a floresta à noite! Não há nada a se fazer agora a não ser esperar o amanhecer. As horas até então se arrastam enquanto ele treme desamparado em seu refúgio inadequado.

Esta carta não é realmente sobre perigo, é sobre medo. É sobre os terrores do meio da noite, quando você não consegue fazer nada além de se preocupar. Nesses momentos vulneráveis, seus medos podem começar a se multiplicar mais rápido do que consegue eliminá-los. O mais assustador na floresta noturna é a incapacidade de se mover com segurança, sem saber o que está por perto. Você pode estar com medo por não estar preparado e nem equipado para lidar com seus desafios. Enfrente a realidade durante o dia para que não precise fugir dela à noite.

• • • •

Significado à primeira vista: Medo. Pesadelo. Desamparo. A noite escura da alma.

Uma análise mais detalhada: Há nove "medos" mostrados na carta: morcegos, olhos brilhantes, uma árvore antropomórfica ameaçadora, uma mariposa assustadora, cogumelos venenosos, uma beladona (muito venenosa), um goblin, um besouro cocheiro-do-diabo e uma aranha alarmantemente grande. Há também um camundongo (estridente, mas inofensivo).

Nove de Bênçãos

Criaturas pequeninas vivem na floresta. Tenha cuidado onde pisa e olhe de soslaio procurando vislumbres de movimento. Você pode espiar algo, como este recanto encantador, dentro de um toco de árvore, onde um brownie (espírito doméstico) fez moradia. Esses seres geralmente são sociáveis, mas esta pequenina encontra sua felicidade vivendo sozinha. Enquanto aqueles da cidade são conhecidos por se tornarem úteis em lares humanos em troca de leite e mingau, esta prefere cuidar de sua própria casa e preservar sua independência. Ela se mudou para a floresta, longe de fofocas e bisbilhotices (e pretendentes indesejados). Aqui ela pode ter tudo perfeitamente, sem interferências. Seu companheiro é uma mariposa-falcão-beija-flor, com quem ela compartilha o amor por pervincas e amoras doces.

Esta carta fala sobre o lar como um santuário, um lugar onde você reúne suas forças. Alguns de seus momentos de maior satisfação são quando você está sozinho em seu ninho. Há sacrifícios na escolha da solidão, e a solidão pode ser o preço pago pela liberdade. É preciso ter uma personalidade forte para encontrar um equilíbrio saudável entre solitude e sociedade.

• • • •

Significado à primeira vista: Independência. Felicidade na solidão. Prosperidade doméstica. Cuide-se.

Uma análise mais detalhada: os brownies gostam muito de vassouras. Deixe uma vassoura minúscula em um canto de sua casa se quiser a ajuda deles. Ou deixe uma na mata para um brownie da floresta!

Dez

Os dez pegam as energias culminantes dos noves e as alteram, para melhor ou para pior. O empoderamento se transforma em esgotamento e os medos se tornam uma realidade terrível. Por outro lado, o desejo leva à bem-aventurança e o contentamento é intensificado pela comunidade. O Dez de Feitiços diz: "A magia foi desperdiçada". O Dez de Visões diz: "O sonho se cumpriu". O Dez dos Desafios diz: "A missão falhou". O Dez de Bênçãos diz: "Bem-vindo ao lar!"

Dez de Feitiços

Na sombria luz do amanhecer, sete irmãs princesas voltam para casa depois de uma noite de dança na floresta. Embora apenas uma noite tenha se passado no mundo mortal, pareciam muitas no reino das fadas, onde elas foram enfeitiçadas. Elas dançaram até que não pudessem aguentar mais, e ainda assim continuaram, apanhadas num feitiço impiedoso, até que a noite acabou. Agora as irmãs estão totalmente esgotadas, quase em choque. Tudo o que importa é encontrar suas próprias camas – exceto para a mais nova, que insiste em voltar estendendo a mão com saudade, mas sua irmã a segura e a força a continuar. A linguagem corporal de todas fala de profundo cansaço e arrependimento. O encantamento está quebrado.

Esta carta significa que suas energias foram estendidas muito além de seus limites. O que mais lhe deu prazer tornou-se um fardo. Seu fogo apagou. Encontre o caminho de volta à segurança e reavalie suas intenções antes de se aventurar novamente.

• • • •

Significado à primeira vista: Exaustão. Esgotamento.
Desencanto. Arrependimento em retrospectiva.
Fardos grandes demais para suportar sozinho.
Uma análise mais detalhada: o cabelo solto das irmãs
simboliza a devassidão e o abandono imprudente.

Dez de Visões

A suave melodia de um riacho em cascata em um lago o leva em direção a uma clareira iluminada pela lua, onde você encontra uma visão deslumbrante: uma família de unicórnios salpicados de estrelas. Os pais e o filho descansam pacificamente sobre o verde aveludado, coberto por flores de macieira e cerejeira. Um grupo de unicórnios é conhecido coletivamente como uma bênção. A bênção dos unicórnios não está relacionada ao sucesso mundano ou ao bem-estar material, mas à realização e à bem-aventurança da alma. Há um elemento de imortalidade nesta carta – esta é uma alegria atemporal, eterna. Não importa o que aconteça, é um critério espiritual.

Esta carta oferece uma visão de felicidade familiar, que pode ser qualquer combinação de pessoas, não apenas pais e filho. O que importa é um compromisso mútuo em unidade e harmonia. Se isso não parecer se aplicar à sua pergunta, pense sobre o que lhe traria uma felicidade duradoura. Os unicórnios oferecem sua magia para ajudá-lo a realizar suas mais belas visões.

• • • •

Significado à primeira vista: Verdadeira bem-aventurança. Gratidão por bênçãos. Uma família unida e feliz. Alegria da alma.

Uma análise mais detalhada: Não há muitos unicórnios na Floresta Encantada. Unicórnios malhados como esses são ainda mais raros. Eles só podem ser vistos quando a lua está cheia.

Dez de Desafios

Um cavaleiro idoso está sentado chorando, com seu fiel corcel ao seu lado. Ele está atormentado pelo desespero e pela derrota. Por muitos anos, ele tem feito sua busca nesta floresta, perseguindo uma fera mítica que se tornou a obsessão de sua vida. Ao longo do caminho, ele lutou bravamente com incontáveis cavaleiros, nunca se esquivando de servir a causas de retidão e nobreza, mas o implacável tempo o reivindicou finalmente. Toda a luta o deixou, e a fera não foi vista por muito tempo. A espada e o elmo do velho cavaleiro estão danificados e enferrujados. Sua busca acabou. Talvez tenha sido uma loucura ter começado.

Quando este cavaleiro aparecer para você, tome isso como uma mensagem de que é hora de enfrentar a realidade, tomar uma atitude e decidir para onde ir a partir daqui. De certa forma, pode ser um alívio – isso é o pior que pode acontecer. Você não precisa mais lutar ou perseguir um sonho impossível, precisa abaixar sua espada e ir embora. Não se pode ganhar, mas também não se pode perder.

• • • •

Significado à primeira vista: Derrota. Entrega. Ruína.
A morte de um sonho. Desista e siga em frente.
Uma análise mais detalhada: O elmo do cavaleiro traz
uma pena do corvo branco, mas esse aliado já voou.

Dez de Bênçãos

A floresta parece interminável. Você tem caminhado o dia todo e à noite. Com fome, cansado, desanimado, você se esforça um pouco mais, na esperança de encontrar um abrigo do ar noturno. E então você ouve... música? Sim, e também risadas, o som mais doce que um andarilho solitário já ouviu. Em seguida, você chega a uma sala de jantar cheia de luz, calor e rostos amigáveis. Você é recepcionado como parente pelo povo da floresta, para quem a hospitalidade é uma segunda natureza. Comida e bebida são colocadas à sua frente, e você é convidado a contar sua história. Seu coração se enche de gratidão e alívio. Você encontrou mais do que um abrigo noturno, encontrou sua tribo.

Comunidade é uma necessidade humana básica da qual infelizmente nos afastamos nestes tempos modernos. Esta carta diz que sua tribo, seu clã, seus parentes aguardam sua chegada. Ou talvez você seja aquele que dá as boas-vindas e a sala de jantar esteja exatamente onde você está. Como a última das cartas de Bênçãos, o dez lembra que o maior de todos os benefícios são os companheiros que estão ao seu lado nos bons e nos maus momentos.

• • • •

Significado à primeira vista: Uma recepção calorosa. Comunidade. Hospitalidade. Membros e família extensa.

Uma análise mais detalhada: Aquele enorme lébrel irlandês não deveria estar debaixo da mesa. Esteja pronto para pegar os pratos caso ele decida se levantar.

O Povo da Floresta

Cartas de Pessoas

Tradicionalmente, cada naipe dos Arcanos Menores tem quatro cartas da corte, nomeadas como pajem, cavaleiro, rainha e rei. Elas geralmente têm uma ordem hierárquica, em que cada carta é mais poderosa que a anterior, com o rei no topo. Este baralho descarta a corte real, e sua hierarquia, e renomeia essas cartas como criança, buscador, tecelão e guardião, respectivamente.

Quando as Cartas de Pessoas aparecem em uma leitura, elas podem ser interpretadas como a representação de alguém em particular, com base em traços de personalidade, ou no papel que a pessoa está desempenhando em uma situação. Elas podem ser você ou outra pessoa. Se, aparentemente, não parecer representar uma pessoa real, uma Carta de Pessoa pode simplesmente ilustrar uma abordagem diante de uma situação ou a energia exercida nela.

As perguntas que podem ser respondidas por Cartas de Pessoas incluem: Que função estou desempenhando aqui? Como sou percebido pelos outros? Como devo abordar este problema? Que parte de mim estou negligenciando? Que parte de mim estou satisfazendo?

Cada uma dessas cartas representa personagens multifacetados. Nenhum de nós é apenas uma coisa: sempre amigável, sempre irritadiço, sempre corajoso. Alguns traços de personalidade são listados para cada pessoa, junto com alguns "traços sombrios", como defeitos, falhas e outros atributos desagradáveis. Você pode considerar os traços listados para o Povo da Floresta como uma apresentação em uma festa: "Eu gostaria que você conhecesse a Tecelã de Visões. Ela é uma metamorfa!". Esse é apenas o começo de seu relacionamento com o Povo da Floresta Encantada.

Gêneros

As cartas de criança e de buscador são uma mistura de masculino e feminino (dois de cada), os tecelões são femininos e os guardiões são masculinos. Essas atribuições de gênero podem ajudá-lo a identificar pessoas específicas em sua leitura, mas todas as cartas do Povo da Floresta podem representar qualquer gênero. Por exemplo, a Tecelã de Desafios pode representar uma mulher intelectualmente imponente, mas pode lembrá-lo de seu tio George. São as qualidades e energias que importam.

Crianças

As cartas de criança representam uma abordagem jovem no mundo. Há uma qualidade de "resiliência" na criança, uma capacidade de aprender as lições da vida mais prontamente do que as pessoas mais velhas, que têm mais dificuldade para se levantar caso caiam. As crianças estão em constante mudança, em vez de se acomodarem, e tendem a entrar em apuros mais do que as cartas das outras pessoas. Umas são descuidadas, outras temerárias e algumas são apenas curiosas. As cartas de criança significam qualquer pessoa que exemplifique essas qualidades, independentemente da idade, podendo ser um jovem ou uma pessoa de coração jovem.

Criança de Feitiços

Esta Criança de Feitiços andou corajosamente até a floresta para testar seu bastão mágico caseiro. Ele quer ser um mago, mas não está muito interessado em dedicar seu tempo aos estudos. Em sua mente, ele já está pronto. Plantando os pés com firmeza e concentrando energia através do cajado, como viu feiticeiros de verdade fazerem, ele tenta magicamente transformar um coelho, mas o animal não está nem um pouco preocupado.

Se esta carta não representar uma pessoa em particular, pode significar uma tentativa audaciosa, um erro bem-intencionado ou um entusiasmo infantil por um projeto ou plano.

• • • •

Traços de personalidade: Fanfarrice. Entusiasmo. Curiosidade. Coragem. Destemor. Espirituosidade. Perseverança. Aprendizado por tentativa e erro.

Traços sombrios: Travessura. Presunção. Agir antes de pensar. Negação da responsabilidade pelas próprias ações. Má-fé. Distração.

Criança de Visões

Esta Criança de Visões foi abandonada na floresta. A mata parece assustadora e proibitiva para nós, mas não para ela. Tudo o que ela vê é visto através de um filtro rosado de deleite. Seu mundo contém apenas beleza e bondade, não importa a situação. Sua natureza confiante espera que todos sejam amistosos e que toda história termine com "felizes para sempre". Suas emoções estão à flor da pele e, quando suas lágrimas caem, passam tão rápido quanto uma tempestade de verão. Oh, olhe como as gotas da chuva brilham como diamantes na teia de aranha!

Se esta carta não representar uma pessoa em particular, pode significar um momento de harmonia crescente, um belo presente ou uma briga perdoada.

• • • •

Traços de personalidade: Gentileza. Sensibilidade emocional. Apreciação pelo belo. Deslumbramento. Inocência. Síndrome de Poliana.

Traços sombrios: Ingenuidade. Vulnerabilidade. Irrealidade. Hipersensibilidade. Facilidade para ser enganado. Potencial para grandes decepções.

Criança de Desafios

Esta Criança de Desafios está perdida na floresta. Ela não perde tempo repreendendo a si mesma ou aos outros por esta situação, nem se entrega às lágrimas ou ao pânico. Ela respira fundo, encontra um lugar seco para se sentar e considera suas opções. Ela sabe que cinco minutos gastos pensando nas coisas são muito melhores do que cinco minutos correndo descontroladamente em todas as direções. Ela permanece calma e alerta, refazendo mentalmente seus passos.

Se esta carta não representar uma pessoa em particular, pode significar um momento difícil próximo e uma necessidade de planejamento e preparação.

• • • •

Traços de personalidade: Inteligência. Sagacidade. Capacidade de foco. Amor pelo aprendizado. Aptidão para os estudos. Eficácia em caso de emergências. Honestidade.

Traços sombrios: Tendência a pensar demais e ficar obcecado. Prolixidade. Pedantismo. Estabelecimento de padrões impossíveis para si. Falta de tato.

Criança de Bênçãos

Esta Criança de Bênçãos perdida e faminta não consegue acreditar na sua sorte quando se depara com uma casa feita de biscoito de gengibre. Não parece haver ninguém por perto para proibi-lo, mas, ainda assim, ele hesita antes de quebrar um pedaço. Ele tenta se lembrar do que lhe foi ensinado sobre como proceder com cabanas mágicas. O melhor a se fazer é permanecer vivo enquanto se espera o resgate. Mas isso não significaria comer? Comer ou não comer, eis a questão.

Se esta carta não representar uma pessoa em particular, pode significar um tempo de estudo, um investimento impetuoso ou um sinal de que é hora de prestar mais atenção à segurança material e à prosperidade.

• • • •

Traços de personalidade: Prudência. Cautela.
Obediência e bons modos. Quietude. Timidez.
Desejo de ajudar, mas com supervisão.

Traços sombrios: Inexperiência em aspectos terrenos práticos.
Má administração do dinheiro. Comodidade ao esperar que
outros tomem conta dele. Nem sempre dizer a verdade.

Buscadores

Os buscadores entram na Floresta Encantada por iniciativa própria. Ninguém os perseguiu até lá ou os abandonou, como pode ter acontecido com as cartas de crianças. Cada um tem uma missão a cumprir, e a qualidade da ação é comum a todos os quatro buscadores. Seus traços individuais são mais distintos do que os das crianças, mais nebulosos e mutáveis. No momento em que alguém se torna um buscador, sua personalidade está bem estabelecida, mesmo que ainda esteja aprendendo e evoluindo. Suas falhas ainda podem ser superadas.

Buscadora de Feitiços

Esta Buscadora de Feitiços veio para a floresta em segredo para encontrar uma flor que só floresce nesta noite. Como bruxa, ela não tem medo da floresta noturna. Na verdade, o perigo apenas torna sua busca mais emocionante. Sua ousadia valeu a pena, e ela chega na hora exata do desabrochar da flor. Isto também é emocionante: correr o risco de não chegar a tempo e perder a magia do momento. Evitar riscos é para aqueles que não têm sangue de bruxa nas veias.

Se esta carta não representar uma pessoa em particular, pode significar exploração criativa, confiança em seus instintos em relação ao momento certo de agir, quebra de uma rotina obsoleta ou uma viagem espontânea sem muito planejamento.

• • • •

Traços de personalidade: Ousadia. Espirituosidade. Drama. Valentia. Destemor. Paixão pelos próprios objetivos.

Traços sombrios: Impulsividade. Preferência por pedir desculpas em vez de permissão. Facilidade para se entediar. Teimosia. Voluntariedade.

Buscador de Visões

Este Buscador de Visões retorna todos os dias a este lago na floresta onde uma vez avistou uma mulher mais bonita do que seus mais belos sonhos. Daquele momento em diante, seu coração pertencia a ela. Deslumbrado pela luz do sol na água e confuso pela névoa que subia como num passe de mágica, ele teve a impressão de que ela havia se transformado em peixe e desaparecido sob a superfície do lago. Ele toca sua harpa e canta com a voz de um anjo, na esperança de atraí-la de volta, na esperança de mais um vislumbre da garota cintilante que capturou sua imaginação.

Se esta carta não representar uma pessoa em particular, pode significar um amor não correspondido, um senso de propósito espiritual ou um desejo por uma vida mais artística.

• • • •

Traços de personalidade: Idealismo. Romantismo. Visionarismo. Poeticidade. Galanteio. Um momento para seguir o coração. Príncipe encantado.

Traços sombrios: Um sedutor. Falta de comprometimento nos relacionamentos. Compreensão irreal do amor. Propensão a voos da fantasia quixotesca. Não se fundamentar na realidade.

Buscador de Desafios

Um enorme cavaleiro permanece imóvel no caminho da floresta. O corvo branco brasonado em seu escudo e as penas de ferro em sua armadura negra declaram que ele é o Buscador de Desafios. Seu elmo esconde seu rosto, mas a espada em sua mão e a prontidão de sua postura denotam ameaça. Seu cavalo de guerra dança impacientemente a uma distância segura da batalha proposta. O Buscador de Desafios não irá deixar você passar. Ele está ansioso por uma batalha, e está determinado a encontrar problemas ou resolvê-los sozinho.

Se esta carta não representar uma pessoa em particular, pode indicar uma situação que atingiu um impasse, um colapso da diplomacia ou um movimento em direção à guerra.

• • • •

Traços de personalidade: Agressividade. Força. Habilidade diante do confronto. Raciocínio aguçado. Sarcasmo. Lealdade no sentido marcial. Incorruptibilidade.

Traços sombrios: Importunação. Implacabilidade na realização de seus objetivos. Beligerância. Temperamento explosivo. Ataques súbitos. Necessidade de vencer a todo custo.

Buscadora de Bênçãos

A Buscadora de Bênçãos partiu em uma caça ao tesouro em uma parte da floresta onde, segundo boatos, pedras preciosas podem ser encontradas. Ela leva o tempo que for preciso, procurando cuidadosa e metodicamente. Suas missões são bem planejadas e ela sempre usa seu confiável cinto de utilidades e boas botas resistentes. O solo aqui é espesso com raízes retorcidas, então ela precisa se mover lentamente, mas é justamente isso o que ela mais aprecia.

Se esta carta não representar uma pessoa em particular, pode significar uma necessidade de abrandar e prestar atenção aos detalhes para que não perca algo importante. Também pode oferecer garantias de que, embora o resultado desejado ainda não tenha chegado, você está no caminho certo.

• • • •

Traços de personalidade: Bom humor. Estabilidade. Confiabilidade. Pragmatismo e paciência. Franqueza. Capacidade de aventurar-se de forma modesta.

Traços sombrios: Desassossego. Azáfama. Dificuldade em abandonar velhos hábitos. Morosidade.

Tecelãs

As quatro tecelãs representam diferentes aspectos da energia e do poder feminino. Elas são as centelhas iniciadoras, as musas, as catalisadoras, os empurrões até os portões da glória. As tecelãs podem trazer qualidades positivas aos outros, seja por meio de cuidados ou pela aplicação judiciosa de amor. Todas são bruxas, cada uma criadora de magia à sua maneira. Ao contrário das cartas de criança e buscador, as tecelãs são moradoras da floresta em tempo integral e representam uma compreensão mais madura de seus encantos.

Tecelã de Feitiços

A Tecelã de Feitiços invoca seu poder de dentro e o direciona para seu propósito. A magia ascende de seu corpo e gira em torno dele. Ela é a amante ardente, a musa, a força criativa, a catalisadora para a mudança. Ela é a personificação da flor mágica que a Buscadora de Feitiços buscava: o poder absoluto da verdadeira feiticeira. Ela lança seu glamour ao seu redor, e você fica enfeitiçado.

Se esta carta não representar uma pessoa em particular, pode significar um momento de grande alegria criativa, no qual as energias vitais explodem e são expressas de maneiras que beneficiam os outros.

• • • •

Traços de personalidade: Impetuosidade. Confiança. Ousadia. Carisma. Um brilhante senso de humor. Sensualidade e lascívia.

Traços sombrios: Ciúmes. Temperamento explosivo. Impaciência. Intromissão como uma saída para um propósito criativo frustrado.

Tecelã de Visões

A Tecelã de Visões é uma feiticeira metamorfa, e o lago sagrado é seu lugar de transformação mágica. A superfície da água é uma fronteira entre os mundos, um limiar onde ela passa de um estado a outro. A tecelã é mais ela mesma nos reinos aquáticos, embora, às vezes, possa ser vista entre as árvores se você olhar rápido o bastante. Seja como mulher ou como um salmão saltitante, ela age por instinto, rendendo-se sem questionar aos anseios de seu coração. Ela é evasiva, essa garota cintilante. Ela é amor à primeira vista. Ela é poesia.

Se esta carta não representar uma pessoa em particular, pode significar uma solução que vem por meio da imaginação e da intuição, em vez da lógica ou da análise. Ouça seu coração e confie em sua orientação.

• • • •

Traços de personalidade: Idealismo. Intuitividade. Paranormalidade. Empatia. Sensibilidade. Graciosidade. Sutileza. Discrição. Dedicação àqueles que ama profundamente.

Traços sombrios: Mutabilidade. Instabilidade. Hipersensibilidade. Dificuldade de ler. Passividade. Vitimismo. Opressão pelas emoções e necessidades dos outros. Tendência à depressão.

Tecelã de Desafios

A Tecelã de Desafios torna a missão mais difícil para você, não necessariamente por malícia, embora não descarte essa opção. É mais provável que ela faça isso para seu próprio crescimento ou para que prove seu valor. Ela define um quebra-cabeças ou uma tarefa que requer sua inteligência e esperteza em vez de força bruta, como a parede de espinhos mágicos que ela levanta para bloquear seu caminho. O corvo branco é o conselheiro mais próximo dela, oferecendo o tipo de objetividade imparcial que ela aprecia. Ela fala o que pensa e fornece a clareza necessária, muitas vezes dizendo coisas que os outros temem dizer. Ela não se deixa intimidar.

Se esta carta não representar uma pessoa em particular, pode significar um cinismo sobre os relacionamentos pessoais, uma barreira levantada contra você ou um momento em que verdades desagradáveis precisam ser ditas.

• • • •

Traços de personalidade: Inteligência. Sagacidade. Raciocínio rápido. Esperteza. Discernimento. Espirituosidade. Poderio, muito poderio. Brilhantismo. Tranquilidade. Detalhismo. Autoestima. Disciplina.

Traços sombrios: Frieza. Retração. Criticidade ao extremo. Sarcasmo. Suscetibilidade. Infelicidade disfarçada de indiferença. Amargura pesarosa.

Tecelã de Bênçãos

A Tecelã de Bênçãos sabe exatamente o que você precisa. Quando você visita o chalé dela na clareira da floresta, a aura de paz e abundância o envolve. A magia desta bruxa é centrada na terra: as virtudes das plantas, os segredos das pedras, a tradição dos pássaros e animais, a dança das estações. Ela valoriza tanto a selvageria da floresta quanto a beleza de seu jardim bem cuidado. Ela é a preservadora, nutridora e curadora, alimentando o corpo e o espírito com amor maternal.

Se esta carta não representar uma pessoa em particular, pode indicar a necessidade de certo bom senso, uma oferta de conforto e cuidado ou um ganho monetário inesperado.

• • • •

Traços de personalidade: Sensualidade terrena. Uma natureza alegre. Instinto maternal. Um coração generoso baseado na praticidade. Proteção da família e da comunidade.

Traços sombrios: Personalidade sufocante. Exigência demasiada de si. Julgamento do estilo de vida de outras pessoas. Insistência de que sabe mais (e provavelmente sabe).

Guardiões

Os quatro guardiões representam diferentes aspectos da energia e do poder masculinos. Eles são os exemplares de seus naipes, muitas vezes atuando como professores ou guias. Os guardiões são protetores, sábios, experientes e estão no comando. Eles são todos magos, cada um mestre em sua esfera de expertise. Como as tecelãs, os guardiões habitam a floresta e representam uma compreensão mais madura de seus encantos.

Guardião de Feitiços

O Guardião de Feitiços explode obstáculos com um encantamento élfico de mago que é transformacional e ativador. Seu familiar é um dragão de fogo, que personifica a força ardente de sua vontade passional. Ele o invoca de seu próprio centro, pois o Guardião de Feitiços não precisa de ferramentas mágicas externas. Procure-o quando estiver pronto para mudar o seu mundo.

Se esta carta não representar uma pessoa em particular, pode significar um momento de poderoso avanço para um empreendimento ou movimento. Encoraje os outros de maneiras criativas e positivas.

• • • •

Traços de personalidade: Confiança. Carisma. Passionalidade. Sensualidade. Liderança nata. Motivação dos outros pelo exemplo e pela exuberância. Virilidade. Dramaticidade.

Traços sombrios: Temperamento explosivo. Vaidade. Egocentrismo. Arrogância. Não compartilhamento de seus próprios brinquedos. Aversão às regras. Autocracia.

Guardião de Visões

O Guardião de Visões é um mago metamorfo cujo aspecto písceo incorpora a sabedoria ancestral do salmão. Diz a lenda que o salmão é a mais antiga de todas as criaturas e tem memórias que remontam ao início do mundo. Na forma de peixe, suas emoções mais frias permitem um desapego compassivo. Em terra, seu bom coração pode transbordar de tristeza com a crueldade do mundo. No geral, ele prefere observar os eventos à distância, em vez de se envolver diretamente. Seu lema é "olhe abaixo da superfície". Procure-o quando precisar de aconselhamento sobre assuntos místicos.

Se esta carta não representar uma pessoa em particular, pode significar um momento de afastamento da turbulência emocional e busca de paz. A situação pode se beneficiar da mediação.

• • • •

Traços de personalidade: Contemplatividade ao invés de atividade. Calmaria. Sensatez. Compassividade. Resistência a ser influenciável. Caridade. Estabilidade emocional. Fidelidade no amor.

Traços sombrios: Desapego emocional em excesso. Neutralidade exacerbada. Instabilidade. Resistência a conflitos e confrontos. Tendência a deixar as difíceis questões emocionais para os outros.

Guardião de Desafios

O Guardião de Desafios não é mau, mas também não é bom. Este mago é friamente neutro. Quando ele lhe dá um desafio, ele quer que você use sua inteligência e encare-o. Seja sagaz, pois o maior desafio talvez seja apenas enfrentá-lo, abordá-lo e pedir sua ajuda e orientação. Se você vai discutir com ele, tenha seus pensamentos em ordem. A natureza dele é fria em geral e, mesmo quando estiver sendo justo, não irá lhe dar nenhuma folga. Procure-o quando precisar de um empurrão para a próxima etapa de sua jornada.

Se esta carta não representar uma pessoa em particular, pode significar a necessidade de uma estratégia fria e imparcial em tempos difíceis. Se você precisar lutar por uma causa, reúna seus aliados e determine com calma como proceder. Use sua inteligência antes de agir.

• • • •

Traços de personalidade: Esperteza. Sagacidade. Perceptividade. Dominância. Severidade. Discernimento. Altos padrões. Excelência exigida.

Traços sombrios: Frieza. Julgamento impiedoso. Autoritarismo. Não compartilhamento do poder. Esforço em excesso. Perfeição exigida. Informações encobertas.

Guardião de Bênçãos

Embora o Guardião de Desafios deseje que você resolva seu próprio problema, o Guardião de Bênçãos o resolverá com você, ou, mais provavelmente, para você. A energia mágica deste mago é protetora, ela agrega, protege. Ele irá resgatá-lo da floresta assustadora, alimentá-lo, colocá-lo na cama, dar-lhe um beijo de boa noite e observá-lo em seu caminho pela manhã, tudo com calma e senso de humor. Ele também é detentor da sabedoria do cristal e de todos os tipos de tesouros terrenos. Ele faz um bom uso deles fazendo ferramentas mágicas e joias sintonizadas com as necessidades do usuário. Procure-o quando precisar de algum apoio paternal.

Se esta carta não representar uma pessoa em particular, pode significar que a ajuda material está disponível, bem como conselhos práticos que devem ser atendidos. Este pode ser um bom momento para pedir um empréstimo ou um aumento.

• • • •

Traços de personalidade: Valorização de casa, história, tradição e família. Acolhimento, alegria, vigor e generosidade. Conhecimento do que você mais precisa e de como obter isso.

Traços sombrios: Dominância. Autoritarismo por meio de objeções. Decisão de assumir o controle sem ser solicitado. Julgamento sobre como você gasta dinheiro.

Aberturas

Seu Dia na Floresta
(1 carta)

Tirar uma carta diariamente é uma boa maneira de praticar se você é novo no tarô, embora muitos leitores experientes continuem praticando. Ao começar o dia, embaralhe suas cartas da maneira que preferir e depois pegue apenas uma para ver o que a Floresta Encantada tem para você hoje. Você pode olhar para a carta agora ou deixá-la voltada para baixo e olhá-la somente quando seu dia terminar. Essas são maneiras diferentes de ver e compreender: olhar enquanto você avança e olhar para trás. Manter um diário de tarô para registrar essas cartas diárias lhe dará uma espécie de "diário de viagem" de suas aventuras na floresta.

O Cervo Albino
(2 cartas)

Esta é uma variação da abertura diária. Em vez de escolher uma carta para o seu dia, escolha duas. É uma boa leitura para quando o dia contém um desafio ou uma situação desconhecida. Coloque a carta Cervo Albino e a carta Vastidão do Mundo lado a lado. Embaralhe suas cartas de maneira usual enquanto se concentra no animal representado em ambas as cartas e faz-lhe as seguintes perguntas:

1. Quem sou eu quando entro na floresta hoje?
2. Quem serei quando sair?

Pegue uma carta para cada pergunta e coloque-as voltadas para baixo em cima das duas cartas com o cervo albino. Você pode olhar as duas agora ou a carta 1 agora e a carta 2 no final do dia. Use sua intuição para decidir o que fazer. Se olhar as duas cartas e não gostar do que a carta 2 estiver mostrando, tome isso como um conselho sobre como você pode transferir a energia para um lugar melhor.

Migalhas de pão e Pedras da Lua

Esta é uma leitura baseada no conto de Hansel e Gretel. Quando souberam do plano de seus pais de abandoná-los na floresta, os filhos tentaram duas maneiras de deixar um rastro de volta para casa. Eles deixaram cair migalhas de pão (o que não funcionou, pois os pássaros logo as comeram) e largaram pedras brancas que brilhavam ao luar (isso sim funcionou). Esta leitura ajuda você a criar uma estratégia, mostrando o que funcionará ou não. Esta é uma leitura progressiva: você pode usar apenas duas cartas, ou, se quiser continuar (e você tem os bolsos cheios de migalhas e pedras), pode até usar todo o baralho.

Embaralhe as cartas de maneira usual. Distribua-as em duas pilhas, viradas para baixo. Haverá trinta e nove cartas em cada pilha quando você terminar.

- A da esquerda é a das migalhas de pão, que significa que a estratégia ou ação não funcionará.
- A da direita é a das pedras da lua, que significa que a estratégia ou ação funcionará.

Pensando em sua pergunta ou situação, vire a carta do topo de cada pilha e compare as duas cartas. Pense em como elas se aplicam à sua situação. Quando você tiver absorvido isso, vire a próxima carta em cada pilha e compare-as. Veja o que funcionará ou não. Eu recomendo uma "trilha" de pelo menos três migalhas de pão e três pedras da lua.

O Conselho das Corujas

Todos nós sabemos que o chirriar da coruja lembra a pronúncia da palavra "quem" em inglês (who), como se estivessem sempre querendo saber, mas as corujas da Floresta Encantada não param por aí, elas fazem mais perguntas e ajudam você a encontrar as respostas.

Pegue a carta Oito de Feitiços de seu baralho e coloque-a diante de você. Em seguida, embaralhe suas cartas da maneira usual, pensando em uma situação que precisa de mais informações. Disponha seis cartas, visualizando as corujas vindo em sua direção com as respostas a estas perguntas:

1. Quem?
2. O quê?
3. Quando?
4. Onde?
5. Por quê?
6. A Mensagem

Olhos Brilhantes, Pés Rastejantes

A carta Nove de Desafios mostra alguém preso em uma floresta tenebrosa de medos reais e ilusórios. Quer seus medos sejam baseados na realidade ou não, eles ainda o perseguem. Essa leitura pode ajudá-lo a obter alguma clareza quando estiver se sentindo estressado e com medo. Quando amanhecer e a floresta não for tão assustadora, você enfrentará seus medos com um coração forte.

Puxe a carta Nove de Desafios de seu baralho para representar esse estado de espírito amedrontador. Embaralhe o resto das cartas de maneira usual e, em seguida, coloque nove cartas viradas para baixo enquanto você diz esta rima:

A floresta está cheia de olhos brilhantes,
A floresta está cheia de pés rastejantes,
Alguns são reais, outros uma ilusão.
Alguns são enormes, outros não.

(Sim, é bobo, mas você já não se sente mais corajoso?)

Uma por uma, vire as cartas e encontre algo em cada imagem que represente algum medo que você tenha. Um típico fatalista pode encontrar algo para temer em qualquer situação, não importa o quão benigna ela seja.

Quando todas as cartas forem viradas, pare um pouco para pensar sobre o que você encontrou que o aterroriza. Depois, volte às mesmas cartas e encontre algo que o encoraje, algo que lhe dê esperança, algo que o faça lembrar de seus próprios dons.

O amanhecer está iluminando a floresta, e você pode mais uma vez vê-la como um belo reino encantado. Avance bravamente em seu caminho!

O *Conselho de Animais*

Esta é uma leitura extensa que requer algum tempo. Ela é boa para marcos como aniversários ou o ano novo, mas pode ser feita a qualquer momento em que você esteja pronto para fazer perguntas difíceis a si mesmo ou quando estiver pronto para que o Conselho de Animais lhe faça perguntas. Pegue a carta do Conselho dos Animais de seu baralho e apoie-a em sua mesa. Em seguida, disponha doze cartas como mostrado, uma para cada um dos doze animais do conselho:

1. Sapo: o que você é de fato?
2. Raposa: o que lhe traz alegria?
3. Veado: o que você ama?
4. Coruja-do-mato: o que você sabe?
5. Esmerilhão: qual é a sua presa?
6. Morcego: o que alimenta seu voo?
7. Esquilo: o que você cobiça?
8. Corvo: qual é o seu segredo?
9. Lebre: qual é a sua loucura?
10. Ouriço: qual é a sua música?
11. Urso: qual é seu maior atributo?
12. Texugo: qual é a sua filosofia?

Considere cada pergunta cuidadosamente antes de responder. Você pode escrever suas respostas em seu diário ou gravá-las e ouvi-las novamente mais tarde. Essa leitura também pode ser feita em grupo: escreva os números de um a doze em tiras de papel, depois se revezem dispondo as cartas e respondendo às perguntas. Você pode fazer isso sozinho se quiser apenas o conselho de um ou dois animais, não de todo o conselho. O nome tradicional para a carta do Conselho dos Animais é Julgamento, e isso tem uma conotação negativa em nossa sociedade moderna. Mas um conselho sempre pensa nos seus melhores interesses, então dê um passo à frente e responda com sinceridade.

Diário de Tarô

Diário de Tarô

Diário de Tarô

Diário de Tarô

Diário de Tarô

Diário de Tarô

Diário de Tarô

Diário de Tarô

Diário de Tarô

Diário de Tarô

Diário de Tarô

Diário de Tarô

Diário de Tarô

Diário de Tarô

Diário de Tarô

Diário de Tarô

Diário de Tarô

Diário de Tarô

Diário de Tarô

Diário de Tarô